大是文化

隱市致富地圖

60 億操盤手用一張圖
找到上漲超過 30% 的**翻轉人生贏勢股**

「股市隱者」臉書粉專版主
股市隱者 ◎著

選股
| 金礦地圖 |

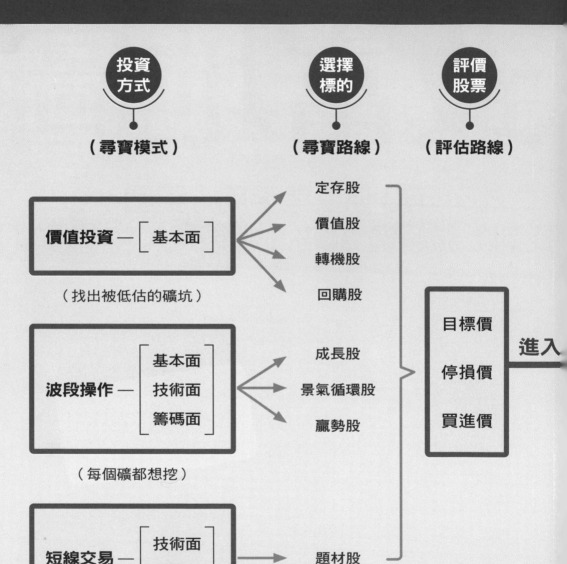

投資
方式

選擇
標的

評價
股票

（尋寶模式）　　　　　　（尋寶路線）　　（評估路線）

價值投資 —［基本面］

定存股
價值股
轉機股
回購股

（找出被低估的礦坑）

波段操作 —［基本面
技術面
籌碼面］

成長股
景氣循環股
贏勢股

（每個礦都想挖）

短線交易 —［技術面
籌碼面］

題材股

（跟著人多的地方挖）

目標價
停損價
買進價

進入

心理素質
│ 使用羅盤 │

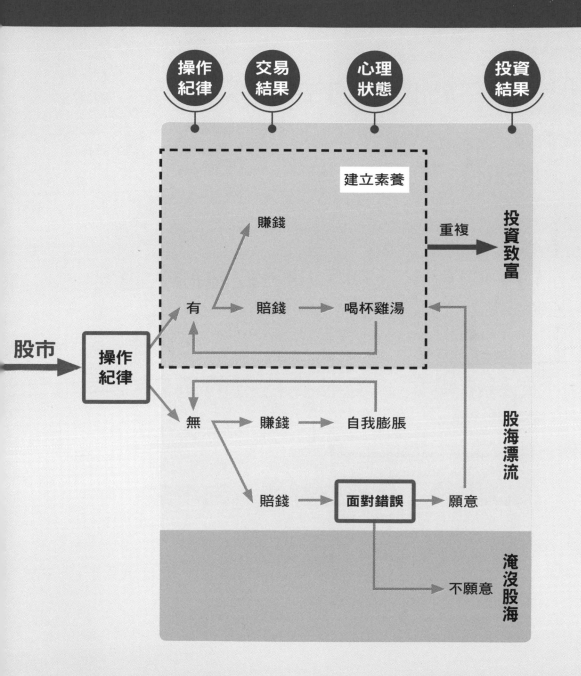

操作紀律　交易結果　心理狀態　投資結果

建立素養

賺錢

有 → 賠錢 → 喝杯雞湯

股市 → 操作紀律

無 → 賺錢 → 自我膨脹

賠錢 → 面對錯誤 → 願意

　　　　　　　　　　　不願意

重複 → 投資致富

股海漂流

淹沒股海

CONTENTS

第 3 章

投資趨勢是複製獲利的方程式　113

後記
花一萬個小時做同一件事，
終將成為專家　

掃描聽更多
《股市隱者》Apple Podcast
分享投資經驗，不定期解析本書內容，探索最適
合的投資之道。

推薦序一
贏家隱於市，
高手在民間

《散戶的 50 道難題》、《高手的養成》
系列暢銷書作者／**安納金**

　　拜讀股市隱者的著作，讓我深有共鳴，無論是在學習與成長的背景，或在股市打滾的心路歷程，彼此都有高度相似之處！股市總是百家爭鳴，知音難尋，透過此書，讓我再度照見了自己的來時路，可謂知己！

　　作者說：「讓我虧最多的，往往是覺得最好賺的錢；賺最多的，偏偏是覺得最無聊的股票。」有如我常說的：「你想要呼風喚雨的感覺卻賠錢，還是無聊透頂的賺錢？」往往在大多頭時期獲利數倍的新手，那種飄飄然的感覺會讓人迷失自己，通常緊接在後的就是慘賠輸光，然後重新認識自己。作者看似輕描淡寫的一句話：「讓等待變成習慣，因為該來的終究會來；就像投資，看似孤獨，但時間是我最好的朋友。」已經道盡了股市的真諦、看盡了市場冷暖之後的心境。

　　書中提到買股賺錢有三個選擇，一個是買漲得多的股票（漲幅大），一個是買漲得快的股票（漲速快），一個則是買很容易上漲的股票（勝率高），但難以兼得。和大多數新手一樣，作者和我在早期都想要買到「漲幅大」或「漲速快」的股票，但經歷過重大挫敗甚至瀕臨破產之後，終究體認到「勝率高」的重要。唯有勝率高，才能放大資金部位並長期持有，獲取到最大波段、最大金額的利潤。

　　我在拙作《高手的養成 2：實戰贏家》提到：P（獲利）＝M（持有資金部位）×V（上漲的速度，也就是每單位時間的漲幅）。**漲速快沒有用，買到漲 1 倍的股票若僅持有 1% 資金部位，對整體資產增值的貢獻也是微乎其微**。我們無法控制 V，而唯一能控制的是 M；我們不是主力，無法控價位，但是可以控部位。**對於高勝率的投資標的，予以配置較大的資金部位，這才是獲利的王道**，有如此體悟，才有資格為極大資金部位的機構法人操盤、做決策。我走過絕望的幽谷而證得此一體悟：「時間，是智慧者的好友，卻是無知者的殺手。」而股市隱者也走過了、證得了。

　　另一大共鳴之處在於，多數的頂尖高手對於基本面、技術面、籌碼面都是同時兼顧，並不執著於單一面向。作者目前是採取基本面為主，技術面與籌碼面為輔，而他推崇的「贏勢股」是受惠於趨勢的產業龍頭股，與我所見略同。我在拙作《高手的養成 3：老手不傳之祕》，即大量採用 Amazon、Nvidia、台積電、

聯發科，作為投資配置建議的核心部位。而所謂的趨勢有分成好幾種不同的研判準則，股市隱者在書中提供了相當完整、精闢的解說，很值得一讀！

　　除了研判趨勢、選股的方法之外，此書有不少篇幅談「心法」——這是我認為真正贏家和輸家的分野。只要我們在股市中打滾的時間夠久，必然會看到許多時候新手持有了和老手相同的股票，但是結果卻大不同——新手賠錢離場，而老手賺飽飽的繼續待在市場。**相同的標的，卻有相反的結果，關鍵就在於投資心法，以及相對應的紀律是否被確實遵守。散戶缺的不是標的，而是紀律。**

　　最後，股市隱者和我一樣從機構法人單位淡出了金融圈，隱身於市場，做教育散戶大眾的事情，實現了「見自己、見天地、見眾生」三境界，讓我有深深的共鳴。誠摯推薦此書給所有新手、老手們一起共讀！

　　願善良、紀律、智慧與你我同在！

推薦序二
增加投資功力，
要從失敗處著手

《用心於不交易》暢銷書作者／**林茂昌**

　　成長股是股市最迷人，卻也是難度最高的投資。你必須了解最先進產業的技術、上下游關係、關鍵材料技術，還要研究個別企業的技術層次及產業地位。更難的是這些資訊日新月異，每隔一陣子就有革命性的變化，投資人得即時跟上。除此之外，所有投資的基本功，如財務分析、技術分析、股票評價、籌碼分析等，也要能得心應手。

　　但下足功夫，研究透徹之後，就可以一路順遂，享受成長股的高報酬嗎？就像《戰國策・秦策五》說的「行百里者半於九十」，這只是基礎而已，還有另一半的功夫等著我們去修練。而且，是在我們投資之後，才有機會開始。

　　如果用運動來比喻，**成長股投資絕不是輕鬆慢跑，更像是高強度的拳擊或搏擊，贏者絕非偶然**。這種激烈的競技運動，扎實的基本動作固然重要，但絕對沒有練了基本功，一上場就能打敗

群雄拿到冠軍的。

那要怎麼練呢？很簡單，有一個概念叫「陰性建議」：去研究失敗者通常犯了哪些錯誤，然後避開這些錯誤。「如何打贏？」這個問題很難；但「如何打輸？」就簡單多了。知道了怎麼打一定輸，那麼想要贏的話，至少要避開這些失敗要素。

回到成長股投資上。本書除了對基本功做詳盡解說之外，最可貴之處是列出幾個失敗案例。在我看來，這些都是非常經典的通案，即使是老手，也難免失誤。當然，更值得新手小心警惕。

這些失敗要素，有的很容易避開；有的卻和人性夾雜，難分難解，要完全避開，有些難度。書中提到了心理素質的問題，特別是面對挫敗時，勇於檢討的堅韌性格與開闊胸襟，個人認為，無論新手或老手，都值得參考學習。**高手如要增加功力，一個好方法就是從失敗處著手**。這點，似乎讓人想起武俠小說中「獨孤求敗」的角色。這是題外話，扯遠了，就寫到這裡吧。

推薦序三

用一張致富地圖，尋一條致勝大道

價值投資達人、抱緊股專家／**股海老牛**

　　隱者在 2020 年剛出現在粉專發文時，我已注意到他有深度的文字、還帶有不少溫度；仔細一看隱者的投資經歷十分豐富，曾是一位基金經理人，管理高達 2 億美元（約新臺幣 60 億元）部位。從以上的角度來看，原本還以為他是年紀稍長的投資前輩，不過後來有機會與隱者見面，才發現他的外表看起來就像是一位鄰家男孩，不說還以為是大學生。在聊天過程中更發現到我們有不少共同點，除了熱愛投資、喜歡分享之外，還是系出同門的政大人，老牛自己還稍長隱者幾歲呢！

　　咳咳……拉回正題，與隱者閒聊的過程中，發現他本身在基金經理人期間，透過多年不斷的學習及實戰淬鍊，歸納出一套穩定獲利的「贏勢股」投資法。「贏勢股」是以基本面為主，**參考技術面找買賣點，再以籌碼面追蹤異常變化**。不拘泥於傳統的價值投資派，而是參考他人及揉合過去的投資經驗而成，選出勝率

最高的股票，再等待價值浮現的時機到來。由此可見，隱者的投資觀念與我的抱緊心法不謀而合。

2020 年新冠肺炎（2019 冠狀病毒疾病，以下簡稱 COVID-19）疫情攪局，各國經濟遭受嚴重打擊，但從打了一針名為「降息」的興奮劑後，資金不斷的湧入股市中，如同吃了一顆無敵星星，無視一切的反彈，直衝新高；不過也帶了點副作用：「神經失調」。這幾年股市常見的情況是，只要利多一來就急起直上，相反的利空襲擊則一路急轉直下。現在又進入後疫情時代，面對升息的反作用力影響，大幅度的震盪使得不少投資人無所適從。

隱者用了不少國內外的知名公司為例，告訴投資人正確的投資觀念。其中以蘋果與宏達電來相比，為何在智慧型手機的發展過程中，原本居高臨下的宏達電，卻在競爭過程中，因為無法與趨勢接軌而就此落後，再也看不到蘋果與三星的車尾燈。在書中也有不少過去隱者自身的投資案例，我可以從例子當中了解他過去的投資心路歷程。不光是贏錢的經驗，尤其是賠錢的時候更該靜下心來反思，自己如果碰上同樣的情況該如何應對，縮短掙扎的過程。

2021 年台股開戶人數超過總人口半數，尤其是 20 至 30 歲的年輕族群，增加超過 40 萬人。讓老牛想起，心中覺得最可惜的一件事，就是自己沒能「儘早投資」，而是等到 30 歲後，才靠自己摸索出一條投資致勝之路。

倘若你仍然在股海中隨波逐流，現在隱者已經畫好一張完整的投資地圖，相信你一定能憑藉此書找到一條致勝大道。本書從賺錢的原則開始，再談到建立正確的投資方式，最後是心理素質的培養，只要按圖索驥，你就可以少走一些冤枉路。先由隱者帶領你走在正確的方向上，未來你就能走得更平穩、更安心。

推薦序四

交易市場
是一場尋找自己的遊戲

《投資癮》Podcast 製作人／簡瑋德 Wade

那天，與隱者見面後，我認為他是一位有廣度、深度以及有溫度的分享者。過去拜訪過千家企業，使他的見聞有了廣度；曾管理基金規模 60 億元部位，使他的實戰交易有了深度；從低潮走出來的體悟後，使他的分享充滿了溫度。

這個溫度，必須透過文字來傳達，我一直認為數字讓人有冰冷的感覺，而文字的溫度則是更多人需要的。畢竟，投資的過程本是孤獨，一路上市場的人來來去去，能堅持走到最後的人並不多，但如果能有一張地圖引導讀者走向下一步，我想，這將可以使投資人少走很多冤枉路。

這本書分享了各種角度與深度的投資思維，讓讀者在岔路上有了更多不同面向的選擇，在每一個選擇上慢慢的衍生到心理層面的差異，並透過大量的例子一點一滴的抽絲剝繭，探討投資會發生的大小事，循循善誘的以地圖的概念由內而外，再由外而內

的帶領讀者走好投資這條路。

我很榮幸能比各位提早讀完這本書，讀完之後也更加認為交易市場是一場尋找自己的遊戲。從開始交易前的期待又怕受傷害，接著小心翼翼的計畫每一步，到了中期有一些經驗後，發現欲望無窮且什麼都想嘗試，直到走過一遭後發現，原來**所有的投資策略都沒有絕對的標準答案**。在一來一往的投資決策上，其實都是環環相扣的，懂得如何取捨就顯得相當重要，投資人最後就該像書中提到的原則：「寧缺勿濫，而不要濫竽充數」。

這句話道出了多數人的問題點。許多人在操作投資組合時經常會這個碰一點、那個也嘗試看看，總覺得越複雜、越難理解的就是好的方式，但其實在**交易市場裡，越簡單的方式通常勝率越高**，你可以用一種對的方式交易一萬遍，也不要花拳繡腿使自己暈頭轉向。

我很喜歡隱者在書中分享的這段話：「投資像是個尋寶任務，如果有勇氣接下這個任務，我們每個人都可以是探險家，目的都是為了尋寶找到金礦。」

參與投資並不難，難的是一開始的勇氣以及走到最後的堅持，堅持的難度則在於這個金礦的正確位置，你我都無法肯定，在投資這條路上也會遇上許多未知的挑戰，但就是因為這樣才顯得有趣。不管是人生還是投資，當我們能提前設定好目標，再學會善用地圖與羅盤來為我們指引方向時，我想，這金礦也越來越靠近了。

作者序

按圖索驥，
每條路都能找到金礦

　　我和許多人一樣，是一個普通人，出生時嘴巴只有奶嘴，沒有金湯匙；家世正常，沒有黃袍；甚至求學過程，不僅沒有天分，高中還差點留級。即便如此，我在工作時，還是成為當時部門最年輕，且績效最好的基金經理人。因此，我相信沒有特殊光環，不代表就無法有所成就。

能做投資的，都是幸運之人

　　這輩子我得到最大的恩賜，是能夠成長在一個健康的家庭，並且擁有健康的身心，為此，才能做自己想做的事。很多人不做投資，不見得是不願意，而是沒有機緣、沒有能力、沒有時間，像是遺傳先天的疾病、發生意外事故，或是家庭問題等，可能都已自顧不暇，更不用說到投資。因此能做投資，其實已經都是幸運之人。

　　我爸爸是工人，媽媽是家庭主婦，從小都是苦過來的，即使沒有很高的學歷或是社會地位，但心中充滿善念與人情味，也是

我成長過程中最好的養分。我的家庭雖然不富裕，但給過的溫暖從來沒有少過。

他們常說，有能力的話，要多幫助別人。當問起為什麼，他們總會回答：「多積陰德，神明才會多保佑」，或是「下輩子會更有福報」之類的話。

長大後我懂了，為什麼要幫助別人。幫助別人後，我們看到別人變得更好，內心會產生自我認同，也為此感到開心和滿足，然後就更有動力，再幫助別人，來得到更多的開心與滿足，於是一個自我變好的循環就此出現。這麼複雜的過程，或許用「積陰德」更容易解釋。

做好投資是因為使命感，想讓家人放心

或許是爸媽的學歷不高，也想用其他方式證明自己的價值，他們也希望我們受到更好的教育，彌補學歷的遺憾。媽媽常叮嚀我們：「要努力念書，考上好學校，才不會讓大家瞧不起，說你們是做工的小孩。其實你爸很辛苦，只是他們看不到，除了日晒雨淋，還要擔心下個工程在哪裡。」甚至，有次她說：「你爸工作最讓人擔心的是，冒著生命危險在高處施工。有次施工時腳沒踩穩，他就從 3 樓摔下來，還好神明保佑，受傷沒有太嚴重，後來只要知道隔天他要去高處施工，前一晚我都會睡不好。」

聽到媽媽這樣說，從小我就有使命感，即使不是特別聰明，做事還是會盡全力，讓他們更放心。

成長過程中，我都不是最聰明、最厲害的那群人，但不影響我投入一件事能得到的成就。因為**做好一件事情，最重要的是使命感，而不是天分**。使命感，也是一直以來推著我不斷成長的原動力。

投資是致富的途徑之一，但過程中還是煎熬與痛苦居多。我能對投資一直保有熱忱，再多失敗都無法阻止前進，不是因為我有多麼喜歡投資，而是因為對家人的使命感。我很感謝過去以來家人給我的一切，因此想竭盡所能學好投資，靠自己的能力給他們最好的生活，這就是我的使命感。

為做好投資打基礎，從靠自己生活開始

投資很難一帆風順，因此找到使命感很重要。使命感可以是在心裡喊出「我如果在年底前賺到 300 萬，就幫老爸換一輛更好的車」、「我想住進新房子，今年目標是頭期款 500 萬」，甚至可以是「我想買一個柏金包！」這些乍聽之下也許覺得膚淺或痴人說夢，但無形中，你就會為了達到這個使命，而不斷努力。

大學後，認識了現在的老婆，她的思想比我成熟很多，交往後我才認真思考未來，如果沒有她，我可能還是不敢做夢的人。某天上完課，我們坐在圖書館前，她突然和我說：「我們都這麼大了，是不是該讓我們的爸媽不要這麼辛苦？以後我們都不要再和家裡拿錢，自己賺錢過生活，你覺得怎樣？」我想一想，的確，很多生活條件更差的人，可能在高中、高職就半工半讀，我

們都已經念到大學了,是該靠自己生活了。於是那一天起,我們就沒再跟父母拿過錢,大學和研究所生活,除了約會,大多是在讀書和打工。

第一次投資就嘗到甜頭,沒想到只是運氣好

讀研究所時,我把打工、家教存的錢,拿去買市場最熱門的東協基金,一個月內就賺了 10%,嘗到了投資的美味,也開始食髓知味,天真的整理所有基金的過去績效,認為只要能找到表現最好的基金,未來就能有一樣的報酬率,以為歷史會重複發生。於是看到了礦業與綠能相關基金 1 年報酬率超過 50%,我就很興奮的和家人分享,並邀請他們加入投資派對。

好景不常,投資沒多久就遇到了金融海嘯,一年內虧損超過50%,虧了二十多萬元,對當時還是學生的我打擊很大,很長的一段時間,都感到意志消沉,對投資也心灰意冷。不想看到相關的財經新聞,也排斥聽投資的廣播節目,或是看投資的書籍等,只怕碰觸到自己內心的恐懼,痛苦的回憶重新上演。

畢業前我應徵了金融領域相關工作,不是因為重新喜歡上投資,而是起薪較高。當時系上學長姐畢業月薪約是 3.5 萬元到4.5 萬元,而金控的儲備幹部月薪大約是 5.5 萬元到 6.5 萬元,並且又標榜儲備幹部能受到公司重用,於是就拚了命的準備資料,也參加各種實習和比賽,最後也如願以償成為了投資行業的儲備幹部,與法人機構正式牽起了緣分。

法人經歷之後，化身隱者分享經驗

　　進入投資行業後，我像是一張白紙，被點綴出許多色彩，但時間久了，紙上卻也找不到任何空白，充滿形形色色，也讓我對自己越來越陌生。在工作近 10 年後，即使對投資操作駕輕就熟，但卻開始感到迷惘，看到許多投資前輩最後往往是退休過著自己的生活，或是當上主管，操作更龐大的資金部位，此時我彷彿已經預見未來的人生。或許我能憑自己的能力，創造更多財富和地位，但，如果人生就是如此，好像也不是我想要的。

　　於是，「隱者」在這時候出現了，我決定離開舒適圈，追求自己的理想，開始以隱者身分成立粉專，匿名分享過去經驗累積的投資觀念，文章裡沒有豐功偉業，沒有對帳單，也沒有誇張渲染。我相信，只要有正確的邏輯，和真誠的獨白，就能讓讀者感受到作者的心意和能力。然後，很慶幸，喜歡隱者文章的人，比我想像還多，也讓我深深感到欣慰。

　　取之於社會，用之於社會。

　　爸媽常說，有能力之後，就要多幫助別人。

　　一直以來，我的生活能過得無虞，專注在投資上，是因為這社會上所有人的付出，無論是各行各業上班族、工人、服務生、清潔人員、醫護人員、物流人員、保母等。也許有人覺得是為了生活，不得不付出，即使如此，他們還是撐起了整個社會的基本功能。相反的，做投資的人大多還是為了讓自己變得更富有，對社會的實質貢獻相對更少。

　　因此，這本書的目的，是為了將自己的專業知識，分享給更多需要的人，讓我的投資，也能對社會有些微薄的貢獻。

投資就像找金礦，有地圖才有方向

　　這本書的內容，是將投資變成一幅地圖，我們的目的都是為了找金礦，投資致富。但**投資其實沒有絕對答案，定存股、當沖、價值投資、波段操作，都沒有絕對的好壞，更是看每個人適合的方式有所不同。要抵達終點，投資最重要的就是選股與心理素質**，這本書也將這兩個觀念串起，成為股市完整的路徑圖。我相信只要能按圖索驥，每種方法都可以找到金礦。

　　這本書的第 1 章，會讓讀者了解投資的意義，與正確的投資觀念，讓讀者對股市有個基本概念，也知道要如何精進投資。

　　第 2 章，即是解說完整的隱市致富地圖，並且分享投資必須要會的分析方式，分別是基本面、技術面、籌碼面，也將我在實戰中，同時使用這 3 種分析的方式，如出一轍的呈現在書中。這些分析股票的要點，是我投資過程中，不斷調整、淬煉，才累積出來的結晶。

　　第 3 章，我分享了過去以來匯集了與上百位專家、上千家公司交流後所琢磨出來的選股方式，也就是找出趨勢，然後**投資趨勢中的贏家──贏勢股**，這也是我投資的唯一主軸。章節中以引導的方式，說明我的思維邏輯，是如何一步步找到屬於自己的投資方式。

　　第 4 章，是當我們知道怎麼選股後，該怎麼計算個股價值，以及停損時機。在停損部分，我分享了質性與量化的停損方式，讓讀者有更多選擇，更能找到適合自己的方式。另一個重點是建立投資組合，這是市場上絕無僅有，我自創的好球帶選股模式，透過這個方法，能找出投資組合的持股與比重。這部分內容是當我們懂得投資，也會選股後，該思考的下一步。

　　第 5 章，內容源自於隱者粉絲過去很喜歡看的心靈雞湯，但不同的是，這個章節講更多我認為投資必備的心理素質。因為即使學會選股，如果沒有成熟的心理素質去對抗詭譎多變的市場，那麼即使知道什麼是對的事，也很可能會做出錯誤決策。

每個人都有屬於自己的金礦路徑

　　這本書有個特點，在於整本書內容都是股市實戰後的心得，沒有過多的理論，沒有模糊的論點，字字句句都是痛苦換來的經驗談。本書的出發點，是希望讀者能找到屬於自己的投資路徑、找到金礦，不要人云亦云，也不要騎驢找馬，星空無垠，總有屬於自己的一顆星。

　　雖然，寫書很累，但在過程中，我都不曾感到後悔，反而是在不斷修改內容時，期待讀者看到這本書後的反應。希望這本書，能讓大家學會投資，並且真實的改善生活條件，也對投資充滿熱忱，更重要的是，在有能力後，也願意開始幫助周圍的人。

掃描聽更多

關於股市隱者
粉絲最想知道的 15 個問題。

第 1 章

投資
是翻轉人生的金鑰

——投資之路孤獨，但不寂寞，因為時間是朋友。

1

別感嘆生不逢時，
投資就是那部時光機

很多人感嘆自己生不逢時，出生在一個機會寥寥無幾的年代，我也曾經這麼想，羨慕那些出生在經濟起飛年代的人，有更多成功的機會。但我們現在能享受更好的生活，也是因為有他們的辛苦耕耘，機會和享受是個蹺蹺板，不易同時擁有。雖然出生環境決定致富機會的多寡，但其實只要學會投資，就可以打破時空界限，無論生逢何時，都能擁有同等的致富機會。

我有個投資前輩是「果粉」（蘋果公司產品的愛好者），對蘋果公司的股票研究非常透徹，看好並持有蘋果（美股代號AAPL）股票超過 15 年，期間報酬率超過 30 倍。他常說：「我所有的蘋果產品，都是蘋果股票送的。」這就是學會投資的好處，只要能找到對的方法，就能創造財富、享受生活。

投資不分貧富賤貴，找對方法是唯一條件

買股票的本質是當一家公司的股東，也就是**與個股一起享**

受成長帶來的利潤。好處是當看好一個產業時，可以不用註冊公司、招募員工、找廠房、找客戶，買進股票就等於開啟事業，假設看好網購或雲端業務，就買亞馬遜（Amazon，美股代號 AMZN），看好人工智慧就買進輝達（Nvidia，美股代號 NVDA）。另一個好處是當不看好一間公司時，也不用煩惱要怎麼處分資產、資遣員工，因為把股票賣掉就等於結束。

股市提供每個人相同機會，無論背景、學歷、經歷如何，都必須找到適合的方法。學經歷雖能為投資加分，但並非必要條件，即使不聰明，或是起步較晚，也能找到對的方法投資致富。有投資天分的人，能一次看懂 100 支股票而賺錢，若是**沒有天分，只要肯努力，看懂 1 支股票也能賺到錢**，而且未必賺得少。

美國有則新聞很有趣，有個名叫狄伯特（Jason DeBolt）的散戶，他在亞馬遜工作，平時也會研究股票。2013 年時他押上當時所有身家，以約 7.5 美元的成本買進特斯拉（Tesla，美股代號 TSLA）2,000 股，之後也持續研究特斯拉，堅信它的投資價值，因此不斷加碼，最後一共買了 14,850 股，平均每股成本 58 元，也就是投入約 86 萬美元。

2021 年 1 月時，狄伯特在網路上公布對帳單，同時表示準備要退休，當時特斯拉（TSLA）的股價漲到 600 美元，他的總資產高達 1,200 萬美元（見下頁圖表 1-1），和他每股平均成本 58 元相較之下，投資 7 年賺了超過 10 倍，當時他僅有 39 歲。

可見，投資致富和聰明才智無絕對關係，只要研究夠透徹，

就算只買 1 支股票也能投資致富；研究不透徹，買再多股票都不一定能賺錢。因此，不用感嘆生不逢時，只要找對方法，隨時開始學習投資，時光機永遠都在抽屜等著你。

圖表 1-1　特斯拉（TSLA）股價圖

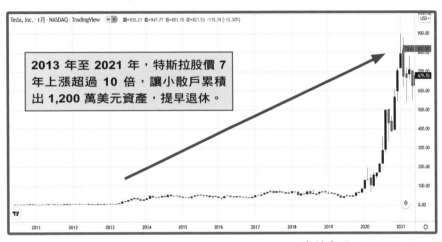

2013 年至 2021 年，特斯拉股價 7 年上漲超過 10 倍，讓小散戶累積出 1,200 萬美元資產，提早退休。

資料來源：TradingView。

本節重點

1. 買股票的本質是當一家公司的股東，與個股一起享受成長帶來的利潤。
2. 沒有天分的人，只要肯努力，看懂 1 支股票也能賺到錢。

2

投資失利是人之常情，
懂得反省便是獲得

　　我畢業於資訊系所，不是財金出身，也沒想過有一天會進入投資行業，當時只想著怎樣才能有收入更高的工作，於是參加競賽、實習，修其他科系的課程，最後才因緣際會錄取金控的投資管理儲備幹部，搭上這部飛向致富的時光機。

　　我過去功課普通，讀書只會埋頭苦幹，很羨慕那些不太需要複習就能考滿分的同學，在「萬般皆下品，唯有讀書高」的背景下，有時候也會覺得無助，但除了努力，好像也沒有別的選擇。

　　成長過程中不斷努力之下，我突然懂了什麼是觸類旁通，原來學習也能複利，學會那些看似無關的學問，原來彼此都有關聯，而這個道理也適用於投資。

　　投資涉及的學問沒有界限，會計、財務、經濟、統計是基本，但投資久了會發現，也需要懂得一些心理學和產業知識。我常聽到有人說，自己不是念財金的，因此投資就會輸在起跑點。非本科系的人的確在起跑時慢了一步，但只要肯花時間彌補

不足，當我們平起平坐以後，非本科系又何妨？**投資不是百米賽跑，而是沒有終點的馬拉松，是長長久久，也是一輩子的功課。因此，起跑點其實也不是那麼重要，重點是能跑多久、跑多遠。**只要找到適合的投資方式，起步晚不盡然都是壞事。過去工作時，我有不少非財金背景的同事，能用不同的角度切入分析股票，減少思維盲點。雖然非本科系的人起步比較辛苦，但學成後也能為投資加分不少。

成功容易讓人驕傲，狂妄之後便是失敗

不過，在學會投資之後，能否「做好投資」又是另外一回事，我也是在投資行業工作超過 5 年之後，才有更正確的認知。

當投資出現佳績，就會開始異想天開或是自我膨脹，我也曾經如此，即使大學時就有過投資失利的痛苦經驗，但在不斷累積投資經驗，績效越來越好之後，就忘了自己是誰，妄想去借錢來投資，能更快達到財富自由。

當時我每年的報酬率都是用倍數計算，還記得那種全身輕飄飄的感覺，很虛、也很不真實，但又會自圓其說：「我付出這麼多努力，賺到錢也是應該的」，忘了和我一樣努力的人其實很多，只是我的運氣比較好而已。當時也不是沒想過見好就收，只是欲望不停蔓延，讓收手的那一天變得遙遙無期。

驕傲是成長的終點，不斷變強的人，總是虛懷若谷。驕傲讓我異想天開，甚至去賭美國食品藥物管理局（FDA）將公布藥證

結果的個股。當時我觀察到，過去新藥股若是取得了藥證，股價都能輕鬆上漲超過 50％，於是自作聰明買了一籃子的新藥股，以防止只賭一支卻剛好沒取得藥證的尷尬，例如 Inovio（美國生技公司，美股代號 INO）就是其中一個，當時正處於子宮頸癌疫苗的二期臨床。更離譜的是，我還都是買選擇權。

同時我也觀察到，全球市場都充斥著炒作新藥股的氣氛，像是台股的愛滋病新藥股中裕（4147）在 4 個月內漲 1 倍、胰臟癌新藥股智擎（4162）也在半年內漲超過 1 倍，而糖尿病傷口癒合新藥股合一（4743）更是在 4 個月內漲 2 倍。但做夢行情往往來得快也去得快，中裕在後來 2 個月內跌幅超過 60％、智擎在 2 個月內跌幅超過 3 成，而合一在 4 個月內跌幅超過 50％。

無獨有偶，我也在新手運用完後，開始諸事不順，投資的新藥股沒有任何一檔取得藥證，其他標的也像著魔一樣，突破地心引力的不斷下跌。先前快速累積到的財富，以更快的速度蒸發消失，若把貸款算進去，那時候不只是歸零，而是破產。

虧損不可怕，可怕的是不願面對錯誤

痛苦記憶猶如昨夜歷歷在目。資產開始從高點蒸發時，起初只是可惜，但不覺得太痛苦，也許是因為原本就來得太容易。過度使用槓桿後，操作紀律也蕩然無存，例如股價跌了 20％，但因為用了槓桿，實際虧損已超過 50％，覺得這時停損意義不大，下不了手就只能選擇逃避，因此資產沒有最低，只有更低。

當資產蒸發超過 8 成後，我才驚覺大勢已去，然後再次告訴自己，要下定決心好好投資，但是一旦槓桿玩上癮，沒有槓桿的投資就變得乏味枯燥，即使現股賺到錢也覺得好慢，距離曾經的資產高點還是好遠。

心態沒有重置，不想面對現實並做出改變，虧損就會像無底洞，繼續擴大。我也曾懷疑自己的人生高峰是否已過，是否該放棄投資，甚至有次看到股價大跌，心裡突然升起一股寒意，這是第一次真切的感受到「心寒」，也體會到投資失利而自我了結的人是什麼心情。在滿滿悔恨下，當時的我只想平靜的和家人在一起，什麼都不說，讓時間就靜止在那一刻，因為我害怕時間重啟，就要面對虧損的事實。

時間是情感的地心引力，再好的事、再壞的事，都會隨著時間消逝。破產後，我也學會面對現實，並且願意從錯誤中學習，也會在看到投資機會時，思考背後可能的風險。半年後，我的投資狀況開始越來越好，我也更懂得，人生不該過度執著於投資。這段過往現在講起來雲淡風輕，但如果當時不夠堅強，也許結局不同。沒有人投資是一帆風順的，所以不要太早放棄，但有時候也是因為未知，才顯得投資這麼有趣。

投資小百科

● **選擇權**

選擇權是指，在特定時間，以特定價格，買賣特定數量的標的。

買方付出權利金給賣方，有權利在特定時間內，以特定價格交易一檔股票。賣方有權利金作為收入，但也有義務履行買方的權利。

● **槓桿**

槓桿是指用較少的資金去投資，但能獲得與用較多資金投資相同的利潤，提高報酬率，常見的做法是借錢買股票。

例如，原本用 10,000 元買進股票賺到 3,000 元，報酬率為 30%（3,000÷10,000×100%＝30%）；若是使用槓桿，借款 9,000 元，自己只投入 1,000 元買進股票，賺到 3,000 元的報酬率將增加為 300%（3,000÷1,000×100%＝300%）。

本節重點

1. 投資不是百米賽跑，而是沒有終點的馬拉松。
2. 驕傲是成長的終點，不斷變強的人，總是虛懷若谷。

3

法人是資訊戰，
散戶是持久戰

要找到正確的投資方式，向法人機構學習會是一個捷徑。因為法人機構的資金規模龐大，擁有更多資源，像是看不完的研究報告、能接觸更多公司；也有更多專業人才，像是產業專家當分析師、股市老手當基金經理人（簡稱經理人），當散戶還在摸著石頭過河，法人機構已經在高速公路上奔馳。

法人投資，像可以瞇牌的牌局

法人機構的投資決策是由一群實事求是的「偵探」共同決定，分析師「調查」公司，經理人再從「證據」中推理得出投資結論。當然，法人機構也免不了偶爾會有滑鐵盧，但投資不是買菜，買進以後還必須持續留意個股訊息，才能對出場時機做最佳判斷，這稱為「投資後管理」，也是法人機構非常重視的觀念。

法人機構的訓練像是少林寺，非常規律，目的只有一個，就是找出投資能賺錢的股票。法人一天的工作從晨會開始，所有成

員都會參與討論投資決策，9點開盤後，經理人即開始盯盤並執
行交易，盤中若有劇烈變化，就會找分析師討論，或是諮詢外部
專家，像是外資、投顧分析師等。下午收盤後，大家會按照行程
拜訪公司或產業專家，在結束後寫成報告或調整財務模型，再於
隔天報告；若當日沒行程，就會整理資料，尋找其他潛力股。

　　法人機構拜訪公司的行程，短則半天，長則兩、三週。拜訪
的形式很多，我在法人機構工作時，喜歡一對一的拜訪，除了能
更深入了解公司，也避免被其他同業發現我自己找到的潛力股，

🌐 投資小百科

● 法人機構、分析師、基金經理人

　　法人機構是指外資、投信、自營商，負責管理投資不同
來源的資金，包含投信基金、保險基金、退休基金、主權基
金等資金。

　　法人機構在做投資決策時，主要有兩個角色：分析師及
基金經理人，分析師負責研究產業與個股，經理人負責做投
資決策，像是買賣股票，或是資產配置等。

● 財務模型

　　依照公司的各種訊息，分析整理出對於該公司財務績效
的預測及評估，是計算一支股票值多少的重要依據。

因為投資就是跟時間賽跑。其他形式還有團體拜訪，例如券商會一次安排許多公司讓法人客戶拜訪，直接做田野調查；或是辦投資論壇，邀請多家上市公司與法人進行交流。

拜訪公司最有趣的地方，在於能從談話的字裡行間，感受管理階層的態度和企圖心，若是能聊到關於競爭對手或供應商的看法，那更是挖到寶。當一家公司評論到產業鏈上的其他夥伴時，往往真實性更高，因為公司之間的互動會比投資人更直接，而且他們是同個產業裡的人，不會被表面的包裝所矇騙。

舉個有趣的經驗，有次我到美國矽谷出差，在拜訪蘋果（Apple）、Nvidia、賽靈思（Xilinx，晶片製造商）3 間公司時，我都問對方：「請問貴公司認為，供應鏈中哪家公司的地位是不可取代的，並且會有長期合作的意願？」這 3 家公司異口同聲的說台積電，幾天後我在拜訪英特爾（Intel）時，他們也表示台積電是未來很強勁的競爭對手。

這 4 家公司給的答案，等於幫台積電的未來競爭力背書，這是我過去出差很少遇到的情形。回國後我在報告時補充這個觀察，也引起許多經理人的興趣和投資信心。後來台積電（2330）股價在 3 年間從 200 多元漲到 600 多元（見下頁圖表 1-2），某個程度上也間接證明，產業鏈上的公司看法是對的。

雖然散戶很難拜訪公司管理階層，但若能多參與公司的法人說明會（簡稱法說會），也能得到類似效果，管理階層回答問題的口吻，其實都是投資判斷的重要「口供」。

圖表1-2　台積電（2330）股價圖

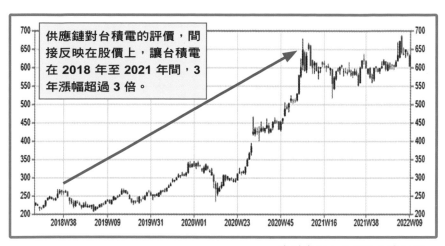

供應鏈對台積電的評價，間接反映在股價上，讓台積電在 2018 年至 2021 年間，3 年漲幅超過 3 倍。

資料來源：台灣股市資訊網。

散戶靠這 3 件事，與法人公平競爭

散戶與法人機構最大的不同，就是投資時需要身兼雙職，要當分析師找股票，也要當經理人做交易，因此下決定時容易不客觀，研究也會鞭長莫及。在作為散戶時，我會盡量做到 3 件事，以減少與法人機構之間的差距：

1. **重視公司資訊透明**：個股公司的資訊越透明，賭桌上就越公平，一旦法人機構知道賭桌上的大部分底牌，散戶就沒有贏的機會。資訊最透明的台股莫屬台積電（2330），不只每季都有法說會，而且除了財報以外，也會公布財務預測與產業看法。再者，半導體產業相對廣泛，我們能從上下游或競爭對手的新聞訊息中，推測營運狀況。除了台積電以外，只要公司市值夠大、產

業鏈夠完整，通常資訊就會越透明，可以縮小散戶的劣勢。

2. **著重業務單純的公司**：散戶不像法人機構，每個產業都有專家駐守，太複雜的產業或標的，對散戶來說機會成本很高，因為複雜度高，代表要花更多時間才能理解透徹，不容易短時間就挑到好股票，因此我會盡量選擇容易理解的好公司或產業。

3. **看長不看短**：法人機構的資源多，比散戶更能夠掌握短期變數，相對而言，散戶沒有那麼豐富的即時訊息，炒短線的勝率通常不會太高，因此我會盡量長期投資，因為當**投資時間拉長後，短線訊息就不重要，產業趨勢才是重點**。

散戶也有珍貴的優勢，就是彈性，無論是時間或是選股的彈性，都比法人機構更大。法人機構雖然資源多，但繁文縟節的流程也多，投資決策要寫報告、給主管簽核、調度資金等，錯失良機是常有的事；另外，有些虧損的股票該賣卻未必能賣，因為賣出後的虧損可能會影響公司當期的獲利目標，而這些都是散戶不需要考量的事。

投資像限時解謎，關鍵線索決定獎落誰家

經過法人機構的歷練，我也學會怎麼幫股票「算命」。投資久了，我發現好股票都有類似特質，當樣本看多了，也就能慢慢歸納並預判股票的本命，但培養這個能力，也是一段漫長的粹煉過程，職涯中我研究超過 10 個產業，包括互聯網、

軟體、半導體、自動化等；拜訪過全球近千家的公司，例如蘋果（AAPL）、微軟（MSFT）、英特爾（Intel，美股代號INTC）、特斯拉（TSLA）、Nvidia（NVDA）、騰訊（港股代號0700）、索尼（日股代號6758，美股代號SONY，歐股代號SON）、任天堂（日股代號7974，美股代號NTDOY，歐股代號NTO）、台積電（2330）、大立光（3008）、上銀（2049）等；也寫過近 2,000 篇的研究報告。

當我還是菜鳥時，報告常會因為經理人犀利的提問感到壓力，他們看過好幾次的景氣循環，發問都是針針見血，像是舌戰群儒，想蒙混過去，幾乎是不可能，只能逼著自己當孔明。

經理人很喜歡問這類問題：

「這支股票過去也有同樣題材，但事後股價並沒漲，你現在說的投資機會和以前有什麼不同？」

「這是一家好公司，但股價也漲了不少，你覺得市場還有什麼不知道的事？」

「這家公司管理階層的誠信如何，會不會對自己的股票上下其手？」

「競爭對手怎麼看這家公司的能力？上下游廠商對它的風評好嗎？」

這些問題對於投資而言都至關重要，但問得容易卻很難回答，除了要對公司有充分了解，也要能掌握市場對個股的預期，因此菜鳥分析師在報告時被問到啞口無言是很常見的。

　　有次報告結束後，主管對我善意提醒：「你要有心理準備，剛進入這行，至少半年內沒有正常睡眠時間是常有的，沒辦法，就是要花這麼多的時間才能更透徹了解一家公司。如果分析師無法替公司的投資帶來獲利，那就不是一個及格的分析師，要有心理準備可能會隨時被淘汰。」

　　這番話聽起來是下馬威，但也是事實，投資單位是法人機構的先發部隊，如果無法攻克城池，那麼就等著糧草吃盡，成為對手的刀下亡魂。我們都要跟時間賽跑，儘管過程中投資經驗越來越豐富，但還是無法 100% 參透一家公司的所有資訊，當看完所有「歷史資訊」的同時，新資訊又源源不絕的浮出，更何況研究 1 支個股，往往需要擴及 10 家到 15 家公司，除了標的本身之外，還包含同業、上下游、競爭對手等，才能對股票的本命預判更準，等到十足掌握時，局勢搞不好又變了。

　　投資過程其實像在解謎，我們的目的是在最短時間內找到真相，而不是追求挖掘所有線索，因為那時股價早已反映完，市場也已人去樓空，找出至關重要的那個證據，才是投資的重點。因此，**做投資不是收集越多資料越好，而是要在有限的時間內找到有效的資訊，也就是找到會影響到股價的變數，然後提早布局，等待獲利。**

投資小百科／如何查詢及參加法人說明會

　　在公開資訊觀測站的「法人說明會一覽表」可以查詢個股的法說會資訊，通常是由公司自行舉辦，且會現場錄影，散戶若想現場參加需先報名，也可以在公司官網的投資人關係網頁找到相關影音檔觀看。

　　另外，證券交易所及證券櫃檯買賣中心也會主辦法說會，邀請個股公司參加，並提供線上直播，散戶可以直接線上觀看，不需報名，事後也可以在證交所及櫃買的官網上找到影音檔。

| 公開資訊觀測站「法人說明會一覽表」頁面 | 臺灣證券交易所「法人說明會」頁面 | 證券櫃檯買賣中心「法人說明會」頁面 |

本節重點

1. 散戶靠 3 件事縮短與法人的差距：重視公司資訊透明；著重業務單純的公司；長期投資，避免炒短線。
2. 投資在跟時間賽跑，不求研究個股所有資料，只求掌握關鍵資訊。

第2章

隱市致富地圖——
強化選股與心理素質

——選股要洞悉市場，心理素質是認清自己。

1

投資是找金礦，
有地圖也需要羅盤

　　學習投資需要正確的道路，努力才會有所成果，有些人花很多時間，但找不到方向，最後還是只能在股海浮沉。想要理解股市的全貌，我想到的是，畫出一幅地圖。

　　石器時代以來，人們就開始製作地圖，沒有地圖，軍隊就無法行軍，商隊也無法貿易；而哥倫布，即使發現新大陸，也只能深信自己身在印度。

　　投資像是探險，但路途卻比現實世界更為險峻，也更為抽象，如果真實世界中，我們都需要地圖導航才能抵達目的，那麼投資股市怎能只靠直覺。

　　因為工作關係，我曾拜訪過全球近千家公司，無論是黑馬白馬或隱形冠軍，試著找出投資機會；也與數百位分析師、經理人交流過，無論是量化投資或價值投資，不斷思考更多可能。這些經驗讓我意會到，**投資像是個尋寶任務，如果有勇氣接下這個任務，我們每個人都可以是探險家，目的都是為了尋寶找到金礦，**

也許方式不同，但都需要地圖。

投資是尋寶任務，目的是找到投資致富的金礦

投資像是藝術，藝術沒有絕對美醜，只要有人欣賞就有價值，所以投資也沒有對錯，只要能長期獲利，就是好的投資方式。但我後來發現，美麗的事物都有類似的規則，例如平衡、和諧、對稱、層次等；能長期獲利的投資方式，也都有相似的模式，如同風一般，看似無形，仔細探究，其實有方向性。

投資致富最重要的兩個要素，是選股與心理素質，只要能夠兼顧，投資致富就只是時間問題。選股是有能力找到好股票，心理素質是有能力在不同環境中做出正確決策。

股市像是未知的金礦區，每個人都是探險家，目的是尋寶找到金礦，而過程中的必備道具，就是地圖和羅盤。**學會選股，就是擁有地圖，能知道怎麼抵達金礦；擁有心理素質，就是學會使用羅盤，不會在過程中迷路。**而這本書，就是隱者探險日誌，裡面有記錄金礦的地圖，和使用羅盤的說明。

先決定路線畫出地圖，再靠羅盤導引前進方向

畫出金礦地圖，就是知道怎麼選股，有幾個步驟。第 1 步是決定尋寶模式，要跟著眾人走，還是自己找路線，也就是投資方式，例如價值投資、波段操作，或是短線交易。這個環節還有一個重點，就是要培養探險所需的能力，主要的有基本面、技術面

與籌碼面 3 種，不同投資方式，需要的技能也不相同，例如價值投資不一定要會看籌碼，但一定要懂基本面（見第 52 頁）。

第 2 步是找出探險路線，也就是選擇標的，依照第 1 步決定的探險模式，會有不同的路線可以選擇，例如決定價值投資，在這就要選擇投資定存股、價值股、轉機股等（見第 54 頁）。

第 3 步是評估路線，也就是評價股票，不管選擇哪一條投資路線，最後都要評估可行性，例如選擇某一檔價值股後，必須找出目標價、停損價和買進價各是多少，投資才有所依據。這部分也會因為不同分析方式，而有不同評估結果（見第 56 頁）。

完成上面 3 個步驟後，就表示能夠出發尋寶了，但並不代表這樣就會找到寶藏，因為要能成功，還需要會使用羅盤，才能在過程中不迷失方向，抵達金礦。

羅盤，也就是心理素質，使用時有 2 個原則，第 1 個是沿著指針前進，也就是嚴守交易紀律。如果決意要走其他方向，那也沒關係，等到賠錢遇到挫折後，就是第 2 個重點，記得回頭，也就是反省錯誤。如果無法嚴守紀律、又不反省錯誤，即使選股再厲害，投資也是載浮載沉，很難真正致富（見第 5 章）。

《孫子兵法》云：「知己知彼，百戰不殆。」這個道理也適用於股市，選股是要懂股市，而心理素質就是要懂自己。在投資中，重複的路線走久了，一定能熟能生巧，找到可重複的致富路線；最害怕就是行進中游移不定的人，看到別人的方式賺錢，就不斷改變自己方式，最後結果往往都是兩頭空。

選股金礦地圖

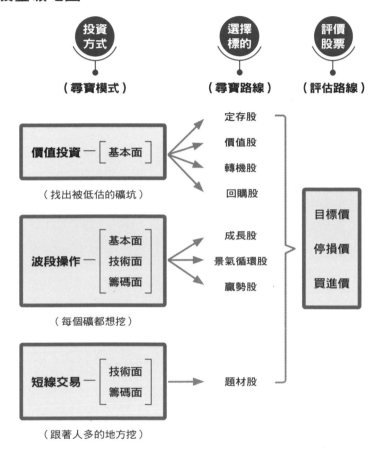

本節重點

1. 學會選股，就是擁有地圖，才能找到金礦；擁有心理素質，
   就是學會使用羅盤，不會在過程中迷路。
2. 如果決意走岔路而迷路（賠錢），記得反省錯誤。如果無法
   嚴守紀律、又不反省錯誤，選股再厲害也很難真正致富。

2

抽離股票世界，
以制高點俯瞰全景

　　想要找到金礦，有很多條路線可走，但投資時，往往我們只會專注眼前的事物，並且習慣疲於奔命，忘了看看天空，其實世界很大，別人走的路，不一定適合我們。金礦不遠，只要我們拿起筆，畫地圖，踏出去，金礦就能是囊中之物。

　　畫出金礦地圖，有 3 個步驟，第 1 步是決定尋寶模式，第 2 步是找出尋寶路線，第 3 步是評估路線，分別說明如下：

第 1 步：決定尋寶模式，
基本面、波段，還是短線？

　　尋寶模式就是投資方式，是投資前要先想清楚的事，否則再努力也可能事倍功半。主要有 3 種方式，第 1 種是找出被低估的礦坑，也就是價值投資，策略是不往人多的方向走，因為人多的地方，就算抵達了，金礦石也所剩無幾。因此，只要能找出明顯被低估的礦區，即使路途遙遠也無所謂。這種尋寶模式的技能，

要學會人文地理相關知識，無論是從遺落的古代帝國找起，或是用現代科學研判地質狀況都可以，因此價值投資要學會基本面分析，才能判斷價值。

第 2 種模式是每個礦都想挖，也就是波段操作，策略是效益至上，從距離近的先挖，無論蘊藏量大小，只要能不斷挖礦，就能致富。這些礦區可以自己找，也可以跟著別人走，因此需要的技能不只是研究礦區，也就是學習基本面；也要學會看天象或是路上的蛛絲馬跡，像是技術面判斷訊號；最後也要訓練挖掘速度，像是籌碼面，才能挖得比別人多。因此波段操作要兼顧基本面、技術面與籌碼面分析，才能不斷挖礦。

第 3 種模式是跟著人群走，也就是短線交易，策略是不花時間找礦區，相信人多就是機會多，只要能更快抵達礦區，而且挖得比別人快，就能搶得先機。因此，這種探險需要鍛鍊身體和訓練挖礦技術，就是技術面與籌碼面分析，因為途中可能需要抵抗掠奪。對短線交易而言，礦區就是一個競技場，主力和散戶會同場廝殺。

對於這 3 種投資方式，我的心得是：**價值投資像是農夫，了解時間的力量，再小的種子，只要認真耕耘，總會長滿稻穗，即過程平淡無奇；波段操作是什麼錢都想賺，需要的是天才**，但要的是**天才背後 99% 的努力**，而不是 **1% 的天分；短線交易**則像是蜜蜂，可能找到心愛的花朵，但也可能瞎忙一場，甚至可能遇到威脅，一刺（次）滅亡。

第 2 步：決定尋寶路線，
價值股、贏勢股、題材股？

決定尋寶模式後，接著是找出尋寶路線，也就是選擇標的。尋寶路線有成千上萬條，沒有固定的走法，唯一的原則是要符合尋寶模式。例如，短線交易就不該選定存股這條路線，因為短線需要看籌碼，而定存股要懂基本面。

以股市來說，股票的種類很多，難以全數歸納，我會以最常見的種類來討論，價值投資適合選擇 4 種路線，分別是定存股、價值股、轉機股、回購股；波段操作適合選擇 3 種路線，分別是成長股、景氣循環股、贏勢股；短線交易則適合題材股。

價值投資的 4 種路線

價值投資中，定存股是指穩定配發現金股利，並且擁有較高殖利率的股票，這種個股的營運穩健、現金流充足，但產業較為成熟，缺乏成長性，典型例子即是金融股。

價值股與定存股的特質相似，都是公司營運穩健、現金流充足、產業成長性低，不同的是，價值股相對不強調現金股利殖利率，但兩種股票的必備條件都是評價上相對便宜，例如各種商品的生產製造公司，像是聯華食（1231）、統一（1216）。

轉機股是指過去曾經輝煌的公司，但因時代潮流改變，既有產品成為夕陽產業，股價也從高點墜落，但因擁有特定技術，財務體質仍佳，投資人期待公司能在未來開發出新的產品，讓股價

重返光榮。

回購股與定存股、價值股的特質也很相似，差別在於，公司更願意將現金流拿來定期買回自家公司股票，而不是配發股息，例如 NIKE（NKE）、蘋果（AAPL）、微軟（MSFT）等（更多回購股說明見第 103 頁）。

波段操作的 3 種路線

波段操作中，成長股是指產業起步不久，成長快速，帶動營運成長的公司，但成長股的評價往往也相對更貴，例如科技股、軟體股、網路股等。景氣循環股是指產業成熟，營運有季節性且波動較大，在景氣高峰時獲利表現良好，但在景氣谷底卻可能虧損，例如水泥及航運股。

贏勢股則是指，投資首重趨勢，從趨勢中找出贏家，這種股票類似成長股，但成長因素更具體，是因為產業趨勢而成長，並且強調成長的持續性，而非只是一次性的成長，例如人工智慧、自動駕駛、物聯網等概念股（更多贏勢股說明見第 3 章）。

短線交易的路線

短線交易的題材股，是指市場最熱的股票，沒有限制哪個產業、什麼特性，只要股價波動大，短線投資就有獲利空間，當然，虧損空間也是如影隨形，就看探險家的能力。題材股像是 2020 年美國的遊戲驛站（電子遊戲公司 GameStop，美股代號

GME）、臺灣的航運股，以及 2021 年的元宇宙概念股等。

上面各種股票分類是概念性的，並非不變的原則，挑選時還是要能因地制宜、因時制宜。

第 3 步：評估路線，算出目標價、停損價、買進價

畫金礦地圖的最後一步是評估路線，是從挑選的路線中分析可行性，判斷路途可能遭遇的風險和潛在的報酬，也就是股市中的評價股票。最後的評估結果，就是得出 3 個價位，分別是目標價、停損價與買進價，有了這 3 個價位，就能知道路線該不該走，以及該怎麼走。

目標價是指，若能順利抵達目的地，能得到多少報酬，也就是獲利賣出的價格；停損價則是找不到礦區時，在時間和體力的雙重消磨下，何時需要撤回原點，也就是虧損賣出的價格；買進價則是，什麼條件適合出發，可以提高成功機率。計算這 3 個價格，基本面、技術面、籌碼面都有不同的方式。

基本面的評估方式

基本面是在了解公司與產業的未來後，計算出目標價；而停損價，能以量化或是質性方式找到，量化像是能以虧損多少幅度賣出，例如虧 10%、15% 等，質性像是當買進的理由消失後而賣出；至於買進價，則是看預期的報酬是多少，假設預期的報酬

率為 20％，那麼如果目標價是 150 元，我們就能設定 125 元以下買進（150÷1.2＝125），當然，買進價也會因為每個人對報酬率的預期不同而異（基本面分析詳細說明見第 59 頁）。

$$買進價＝目標價÷（1＋期望報酬率）$$

技術面的評估方式

技術面能透過觀察股價走勢所產生的買賣訊號，找到目標價、停損價與買進價，買進價就是找買點，而目標價與停損價對技術面而言是同一件事，就是賣出。例如設定當股價出現 KD 黃金交叉時而買進，而當出現 KD 死亡交叉時而賣出等，技術指標有許多種，交易訊號也會隨著股價走勢而變，端看每個人的經驗而定（技術面分析見第 68 頁）。

籌碼面的評估方式

籌碼面是透過觀察籌碼變化找到目標價、停損價與買進價，和技術面分析很相似，都能透過一些端倪找到買賣時機，但也沒有絕對答案，例如設定當投信連續 3 天買進後即買進，當連續賣出 3 天後即賣出。籌碼面和技術面的差異在於，技術面看的是股價走勢，而籌碼面看的是買賣雙方是誰，但籌碼面的缺點是容易過度解讀，同一個券商未必都是同一群人的買賣（籌碼面分析見

第 80 頁）。

　　當完成上面 3 個步驟，就能畫出地圖。但，啟程是否就能抵達金礦，還需要最後一個階段，學會使用羅盤（見第 5 章）。

本節重點

1. 價值投資只要學會基本面分析；波段操作必須基本面、技術面與籌碼面分析三者齊備；短線交易則需技術面與籌碼面分析兼顧。
2. 價值投資像是農夫，再小的種子只要認真耕耘，總會長滿稻穗；短線交易則像蜜蜂，可能找到心愛的花朵，也可能遇到威脅，一刺（次）滅亡。

掃描聽更多

股市隱者 vs. 林茂昌
用心於不交易，怎麼從長期持股的角度，找出具有投資潛力的轉機股。

股市隱者 vs. 投資癮
要同時挖掘短線交易和長期投資的金礦，該怎麼做。

股市隱者 vs. 胡升鴻
從價值投資，走到短線交易的思維邏輯，以及對於動能投資的解讀。

3

基本面分析：
從文字和數字看見未來

金礦地圖

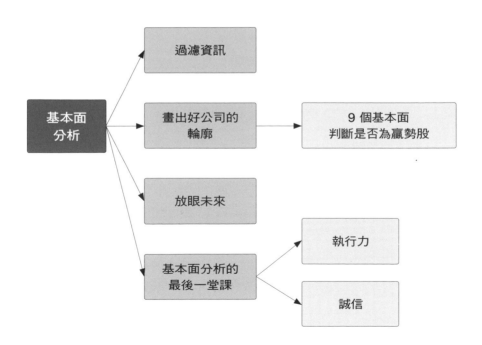

　　基本面是從產業與公司資訊找到投資價值，我常被問：「請問我這支股票賠了 20％，要停損嗎？」這時我也會反問：「現在的基本面和之前有不一樣嗎？」答：「我不確定，我是因為那個題材去買的……」。

　　這回答聽起來很荒唐，但其實一點也不誇張，買股票卻不懂公司，是股市新手常有的情況，大部分的原因是：

　　「一個產業這麼複雜，還有這麼多公司，哪研究得完？」

　　「股價每天都在變，基本面趕不上股價變化啦！」

　　的確，這兩個講法都有道理，但其實回到根本，要解決這兩個問題，關鍵還是在於研究基本面的技巧。

　　基本面看似有點枯燥無味，需要看一堆資料，而且感覺買進後要放很久才會有收穫，但事實是，如果把基本面當作算命、看面相，就會相對有趣。換個角度想，其實用其他的分析方式，投資也不敢久放，因為基本面才是信心的根本。

　　了解基本面的第 1 步是要過濾資訊，大數據時代裡，缺的不是資料，而是「有效、正確」的資料。第 2 步是要畫出好公司的輪廓，才能更有效率的選股。最後，雖然基本面趕不上股價變化，但反過來看，基本面不是汲汲營營的追眼前股價，而是預判未來，站在未來的終點，等著股價慢慢靠近。

　　放眼未來，是基本面非常重要的事情，很多人會拿過去的財報，討論一家公司的好壞；拿過去的本益比，討論股價貴不貴。但，股價是反映未來，基本面也是如此，雖然我也會拿過去的基

本面，來檢視公司現在的執行力，但過去的資料只會反映過去的股價，**要預估未來的股價，只有當我們預判未來時，才計算得出公司有多少投資價值。**

從贏家中找出相同特質

　　成功的人有相似的態度，好公司也有相同特質，像是技術優勢、規模優勢、成長強勁等。我自己研究一家公司，會用下面 9 個面向來看，它是否能成為我的手中王牌，也就是贏勢股：

1. 公司發展歷程

　　公司沿革是一家公司的基因，決定成功的機率。很多事情可以後天努力，但對趨勢而言，掌握先機才可能成為贏家。趨勢像是突然行駛過月臺的子彈列車，如果沒趕上列車，想追也追不上。因為先行者能擴大規模，或是提升技術拉高進入門檻，先卡位，等到其他人上車後，發現位子都沒了，也只能掃興下車。

　　我喜歡的贏勢股，是公司創立至今只專注做一件事，像是微軟（MSFT）只做商用軟體、特斯拉（TSLA）只做電動車、Nvidia（NVDA）只做晶片等。當同樣的時間只專注做一件事，就能做得更精，拉開對手差距。李小龍曾說過：「我不害怕曾經練過一萬種踢法的人，但我害怕一種踢法練過一萬次的人。」因為成功沒有奇蹟，只有累積。

2. 領導者背景

　　領導者是公司的靈魂人物，他的價值在於，在關鍵時刻做出精準決策，能決定榮景有多久，如果沒有漢武帝和唐太宗，可能歷史課本又變薄了不少。雖然巴菲特（Warren Buffett）說過：「你應該投資即使是笨蛋都能經營的企業」，看起來似乎有所抵觸，但其實並無衝突，因為巴菲特喜歡傳產股，成長相對有限，而其中贏家往往是獨霸產業的既得利益者，如果連笨蛋都能經營，表示龍頭地位牢固，即使競爭對手是天才，也難以扭轉局面。

　　但贏勢股不同，市場會變大、技術會突破，如果贏家停止努力，那麼勝利也就只留在過去。很難想像，沒有賈伯斯（Steven Jobs）的蘋果（AAPL）、沒有張忠謀的台積電（2330），和沒有馬斯克（Elon Musk）的特斯拉（TSLA），公司現在會變成什麼樣子。

3. 股權結構

　　股權結構最重要的，是看大股東的持股比例與背景。持股比例越高，籌碼就更穩定，股價波動也較小；持股比例越低，籌碼就越凌亂，股價波動也越大。我喜歡前 10 大股東持股超過 50%的公司，但並不是鐵則，如果市值超過新臺幣 1,000 億元，這個參考性就會下降，因為市值越大，股權也會相對更分散。

　　大股東如果是管理階層的家族、國家主權基金、壽險退休基

金等，對投資就能加分，因為他們更懂股票，也能長期持有。巴菲特執掌的波克夏公司（Berkshire Hathaway）公布每季持股名單時，比例大增的股票，隔天也容易大漲，大家都想跟單巴菲特，如果要賣股，也能多一分警覺。但如果大股東是市場派的主力，那麼未來董監改選時，也可能會有經營權之爭。

4. 產業成長性

　　產業成長多快、成長能延續多久、產業未來的變化，找出這 3 個問題的答案，就能知道是否值得研究。我喜歡成長超過 10%，並且能延續 5 年以上的產業，若再加上不會出現可能顛覆產業的新科技，會更好。

5. 產品組合

　　衡量重點是，高成長與高毛利率的產品營收比重占多少，且比重是否能提升，決定公司產品組合的含金量。另外，一家公司的淨利成長率若是高於營收成長率，反映公司有規模經濟或競爭力提升；但若淨利成長率低於營收成長率，表示遇到市場殺價競爭，或是產品出現問題。不過，對於營收成長快速但虧損的新創公司，我習慣看營收是否能維持高速成長，例如成長 30%～50%，更重要的是，毛利率與營業利益率是否能改善，表示公司並非無止境的燒錢。

6. 營運狀況

　　假設看上一家公司，可以從營運狀況找買賣時機，我喜歡在公司慢慢變好的過程買股，因為等到如日中天時，股價容易買貴，等到營運狀況轉差，即使再便宜，我也會儘早賣出。

　　營運狀況能從法說會、財報、研究報告、產業報告中收集，甚至從研究上下游供應鏈的看法得知。我會注意在手訂單的變化、產品漲價機會、擴產規畫等，預判營運轉佳的可能。例如，在手訂單從過去平均突然暴增 1 倍、下 1 季要開始漲價，或是未來 2 年產能要增加 1 倍等，都是營運轉佳的現象，但在這些數值看似美妙的同時，也要注意，市場是否供過於求。

7. 競爭態勢

　　這一點主要是看市場上的競爭狀況，我會從市占率著手，先看市場是分散多家還是集中少家，再判斷市占率的變化。我喜歡寡占的產業，以及握有話語權的公司，也會避開市占率流失的個股，即使股價再怎麼便宜也不考慮。

8. 同業比較

　　只看一家公司時，很難知道數字是好是壞，必須比較後才會對數字有感覺。我喜歡拿公司和全球同業比較 3 個層面，分別是成長能力（營收與淨利）、獲利能力（毛利率與營業利益率）與評價高低（本益比或股價淨值比），例如，當個股的營收成長率

與毛利率高於同業，但本益比更低，就更可能具有投資價值。

9. 未來機會

　　未來機會是要看個股未來還有多少題材，成長能延續多久。可以從公司的產品和技術能否切入新市場來思考，像是地理位置的擴張，例如特斯拉（TSLA）從美國跨到歐洲、亞洲等；或是衍生新的應用，例如新普（6121）生產電池，原先應用在電腦、筆電、儲能系統等市場，後來也切入電動車市場，讓未來更具想像力，帶動股價走揚（見圖表 2-1）。

圖表 2-1　新普（6121）股價圖

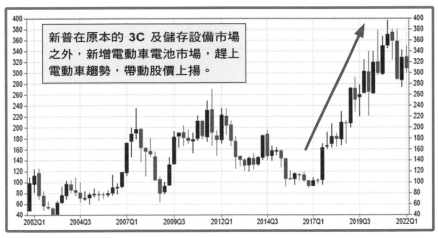

新普在原本的 3C 及儲存設備市場之外，新增電動車電池市場，趕上電動車趨勢，帶動股價上揚。

資料來源：台灣股市資訊網。

將公司特質量化——計算目標價

當了解一家公司的 9 大面向後，如果對會計也有基本了解，就能預估未來數字，然後搭配評價方式計算出目標價。例如，成長股可以預估未來的每股盈餘後，再以適當的本益比計算出目標價；而價值股可以預估未來的淨值後，再以適當的股價淨值比計算出目標價（目標價詳細說明見第 4 章）。

舉例而言，假設公司去年每股盈餘是 10 元，推估今年淨利能成長 20%，就能算出今年每股盈餘是 12 元（10＋10×20%＝12）。接著，觀察同業的本益比，發現平均是 15 倍，而這家公司是市場龍頭，競爭力更高，因此本益比至少能有 15 倍，就以 15 倍保守計算，與今年每股盈餘 12 元相乘後，得到的目標價就是 180 元（12×15＝180）。

基本面分析的最後一堂課：執行力與誠信

分析基本面的前提是，數據必須都是正確的，如果管理階層的執行力過低，或是不具誠信，那麼所有預估數字可能都會失真，基本面也變得不具任何意義，因此，我非常在意公司的執行力與誠信：

執行力

我會觀察公司過去 2 年以上的財報，以現在來看，是否達到當時的財務預測和營運計畫，若沒有，再看是不可控因素造成

的，例如地震、疫情、缺料等，還是管理階層的執行力有問題。

　　另外，過猶不及也是一個問題，如果公司每次都能輕鬆達成預測目標，可能是管理階層的預測太過保守，不用努力也能達標，無論哪一種情況，都會壓縮到未來競爭力與成長性。

誠信

　　我會找公司過去是否有過不良紀錄，例如財報瑕疵，或是道德敗壞等負面新聞，如果誠信出了問題，再好的公司都不值得投資，因為表面看到的東西，僅止於表面。

本節重點

1. 放眼未來，是基本面非常重要的事情。要預估未來的股價，只有當我們預判未來時，才計算得出公司有多少投資價值。
2. 產業成長多快、成長能延續多久、產業未來的變化，找出這3個問題的答案，就能知道是否值得研究。

掃描聽更多
股市隱者 vs. 啾啾鞋
隱者投資模式的分享，以基本面為主，技術面和籌碼面為輔。

4

技術面分析：股市裡的間諜，
祕密只能意會，不能言傳

金礦地圖

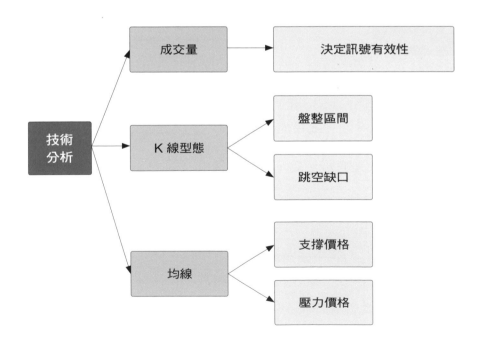

技術面分析會以各種手語打暗號給我們，試著透露股市中不能說的祕密，也就是不對等的資訊。技術分析的目的，是透過線型和成交量，推測股價背後的訊息，然後多一層參考。技術分析有很多種技術指標，像是不同間諜，會的手語都不同，對每支股票的準確性也有所差異。

技術分析，有效嗎？

技術面分析是否有效，是我剛進入股市就有的疑問，如果有效，也意味著，股市存在不對稱資訊這個殘忍的事實，而散戶是資訊流的末端，輸的機率也更大。

學會技術分析不久後，我做過一個挑戰。在一次聚會中，我請一位股市新手朋友畫 10 張股價圖，其中 5 張是照著看盤軟體隨機挑選的 5 支股票，分別畫出某一段走勢，另外 5 張畫他自己想像出來的股價走勢，然後看我能否找出哪 5 張是真實的股價圖，哪 5 張是假想的股價圖。如果我能回答正確，表示股價走勢並非隨機，而是有規律的，也代表技術分析能依據規律，預測未來的走勢。

後來的結果，讓在場朋友都非常驚訝，因為這 10 張圖我都猜出來了，我很興奮的說：「所以，股價走勢不是隨機的，是有跡可循的，尤其在支撐和壓力的關鍵價位往往會盤整，不是輕易突破。並且，股價盤整越久，下一波的走勢也會更明顯，無論上漲或下跌。」

　　我想用這個真實故事告訴大家，**技術分析有一定的效果，但**同樣的，技術分析的勝率**也有限，畢竟股價也可能受到人為操縱**。再者，當市場對股價的影響力，超過掌握重大消息的人，那麼技術分析也可能失誤。

技術分析 3 法寶：
成交量、K 線型態、移動平均線

　　事實雖殘忍，但遲早要面對，即使市場有許多不對稱資訊，但學會技術分析，至少能拉近一點距離，不會在不該追的時候盲目買貴，該停損的時候不願意低頭。

　　我試過許多技術分析的指標，就目前結果而言，我認為**最有效的是：成交量、K 線型態、移動平均線（MA，簡稱均線）**。其他技術指標包含 KD 指標、相對強弱指標（RSI）、指數平滑異同移動平均線（MACD）、布林通道等，不是無效，而是不容易歸納出相同的使用準則，可能因為產業、股票大小、投資環境等不同，而有不同的判斷依據。

　　例如使用 KD 指標和 RSI 指標最普遍的說法是，當數值超過 80 表示過熱要賣股，低於 20 表示過於悲觀該買進，但後來一個前輩告訴我，他反而習慣在超過 80 時買進，因為表示是強勢股，甚至如果指標一直維持 80 以上會鈍化，指標波動減緩，表示股票強到不行。同一個指標，判斷方向卻完全相反，更殘酷的是，兩種方向都能找到符合例子的股價圖（指標鈍化的說明見第

95 頁）。

　　因此，如果是股價或成交量加工過多的指標，就容易會有不同見解，而使用更陽春的資料，像是成交量、K 線型態與均線，只以投資人的心理層面出發，反而更有效。

成交量像法官，決定訊號的有效性

　　成交量是技術面最重要的指標，就像是訊號放大器，沒有成交量，訊號也就沒有意義。成交量本身雖然無法代表漲跌的可能，但卻**可以決定訊號是否有效**，像法官一樣，**成交量爆量就是拍板定案，表示當日的訊號是有效的。**

　　我會將成交量「爆量」，設定為超過月平均成交量的 5 倍，爆量的背後意義，是買方或賣方認同當日價格，也認同當日的交易訊號。例如，成交量爆量當天出現買進訊號，就可以預判股價後市可期；若成交量沒放大，那麼無論是買進或賣出訊號，都表示訊號薄弱，並不值得參考。

K 線型態用來看股價未來多空

　　K 線型態是觀察股價的慣性改變，預判股價的未來走勢。K線型態有很多種，像是 M 型頭部、W 型底部、三角收斂、跳空缺口等，我自己會看 2 個 K 線型態，一個是盤整區間，另一個是跳空缺口。

盤整區間

　　怎麼畫出盤整區間？我習慣將前波高點連接成一條線，將前波低點連接成一條線，當股價在上下兩條線之間，就稱為盤整。

　　我找股票的買點，喜歡從量縮盤整找起，量縮往往意味籌碼沉澱，買賣雙方相對理性，像是賭局開始前下好離手，等待結果，這時買股往往也不容易買貴。

　　股價走勢會遵守牛頓第一運動定律，當沒有外力介入時，股價會沿著盤整區間前進，當出現外力時，股價則會因為外力，往上或是往下突破區間，展開新的行情，而外力就是股價背後的重大利空或利多訊息。

　　但也會有假突破，也就是突破後又跌回，或是跌破後又漲回。會有這種情形，我認為是因為，熟悉技術分析的人往往是設定，突破區間就買進，跌破區間就停損，因此當股價突破區間後反而會讓波動加劇，當買賣盤宣洩後，如果基本面沒有太大變化，股價又會回到區間內。因此，我習慣再搭配基本面，若是有把握的個股，我會在盤整下緣買進股票，而不是等到上漲突破盤整才買；若要賣股，反而會選擇股價高檔爆量時擇機賣出。

跳空缺口

　　如同牛頓第一運動定律，跳空缺口代表股價脫離慣性，未來可能有一波新行情。向上跳空表示看多，向下跳空表示看空，但還有另一種可能，就是跳空後缺口馬上回補，當出現這種情況，

圖表 2-2　怎麼畫出盤整區間？

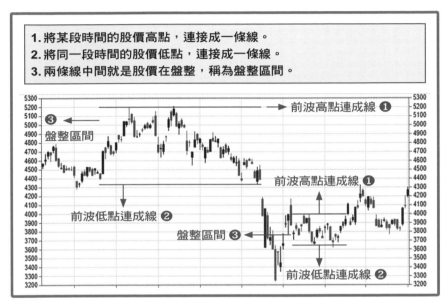

1. 將某段時間的股價高點，連接成一條線。
2. 將同一段時間的股價低點，連接成一條線。
3. 兩條線中間就是股價在盤整，稱為盤整區間。

資料來源：台灣股市資訊網。

圖表 2-3　什麼是跳空回補

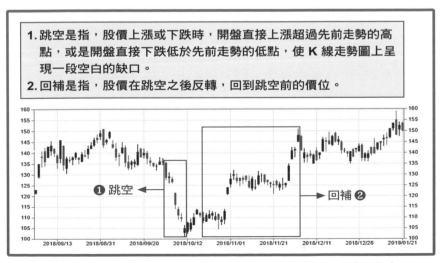

1. 跳空是指，股價上漲或下跌時，開盤直接上漲超過先前走勢的高點，或是開盤直接下跌低於先前走勢的低點，使 K 線走勢圖上呈現一段空白的缺口。
2. 回補是指，股價在跳空之後反轉，回到跳空前的價位。

資料來源：台灣股市資訊網。

反而訊號會成為相反結果。

因為脫離慣性要有很大的力量，所以如果跳空缺口馬上又被回補，表示有更大的力量在證明跳空是錯的，回補的方向才是真正的走勢。例如，向上跳空原本是看多，但缺口卻因為股價下跌而回補，就是其實有更大的力度是看空。

均線用來找出股票關鍵價位

均線是將股價過去的平均價格畫成一條線，週線是用一週的平均價格畫成線，月線是近一個月的平均價格畫成線。均線背後的意義是，這段期間內所有人的買進成本。

均線有效的前提是，符合人性的心理假設，也就是賠錢是煎熬，沒有人願意在虧損時賣股。當假設成立，就能在均線找到支撐價格與壓力價格。

均線價格是反映所有人在這段時間內的買進成本，若搭配人性，就能找出市場的關鍵價位。當股價在均線之上，代表之前買進的人都賺錢，均線價格就成了股價下方的支撐價格，股價也不易跌破。而當股價在均線之下，表示之前買進的人都被套牢，賠錢是種煎熬，均線價格就會成為股價上方的壓力價格，當股價反彈到均線價格時，大家會因為回本而想賣股解脫，形成賣壓，股價也不易突破壓力。

另外，當不同期間的均線糾結在一起，例如週線、月線、季線都在同一個價格，表示無論何時買進的，大家的持股成本都在

同樣位置，因此就會形成更強的心理價位。

技術分析的使用步驟

使用技術分析時，第 1 步是找出股價的盤整區間；第 2 步是當成交量爆量時，觀察當天股價技術指標的買賣訊號，我會注意的買賣訊號如下：

K 線型態的買賣訊號

1. 買股訊號：盤整區間下緣，量縮而不跌（見第 76 頁圖表 2-4）

2. 賣股訊號：盤整區間上緣，爆量而沒創高（見第 77 頁圖表 2-5）

3. 買股訊號：向下跳空缺口回補（見第 77 頁圖表 2-6）

4. 賣股訊號：向上跳空缺口回補（見第 78 頁圖表 2-7）

均線的買賣訊號

1. 買股訊號：跌到支撐價格附近，爆量跌不破（見第 78 頁圖表 2-8）

2. 賣股訊號：漲到壓力價格附近，爆量上漲無法突破（見第 79 頁圖表 2-9）

另外，關於股價創高的線型，有一點要注意。股價像是有地

心引力，如果要不斷創高，就像太空梭升空，需要有更多燃料，而這個燃料就是成交量，當成交量創高但股價卻無法創高，往往可能是股價已達高點。

技術指標沒有唯一的使用方式，也沒有絕對的對錯，因為人性心理的假設也可能改變，我的方式也許過了一段時間後也不適用，但使用技術指標的原則是，要有一致的邏輯性。因此，不要過度相信一套技術分析的有效性，多學習、多反思、多實驗，都會有很大的幫助。

圖表 2-4　買股訊號範例：東哥遊艇（8478）

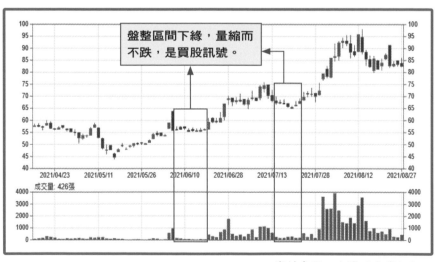

資料來源：台灣股市資訊網。

圖表 2-5　賣股訊號範例：南亞科（2408）

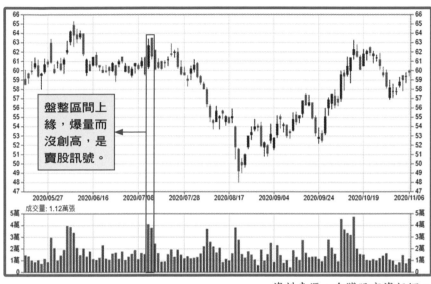

資料來源：台灣股市資訊網。

圖表 2-6　買股訊號範例：亞德客-KY（1590）

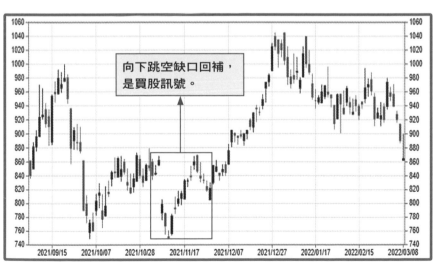

資料來源：台灣股市資訊網。

圖表 2-7　賣股訊號範例：聚鼎（6224）

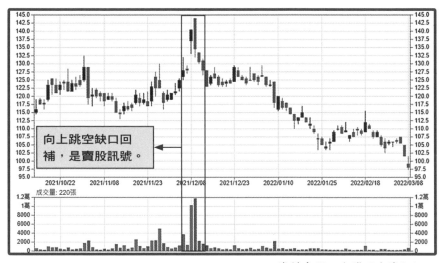

向上跳空缺口回補，是賣股訊號。

資料來源：台灣股市資訊網。

圖表 2-8　買股訊號範例：正道（1506）

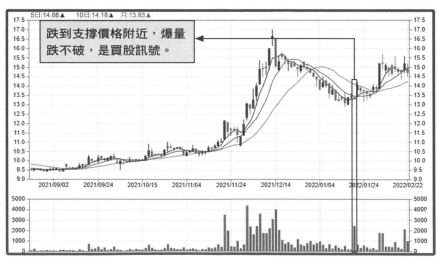

跌到支撐價格附近，爆量跌不破，是買股訊號。

資料來源：台灣股市資訊網。

圖表 2-9　賣股訊號範例：祥碩（5269）

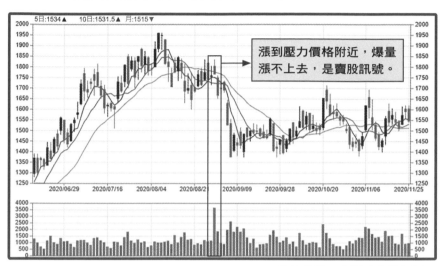

漲到壓力價格附近，爆量漲不上去，是賣股訊號。

資料來源：台灣股市資訊網。

本節重點

1. 最有效的技術分析指標是：成交量、K 線型態、移動平均線（MA，簡稱均線）。

2. 成交量是技術面最重要的指標，可以決定訊號是否有效。成交量爆量就是拍板定案，表示當日的訊號是有效的。

5

籌碼面分析：小老鼠騎在牛上，也能成為生肖老大

金礦地圖

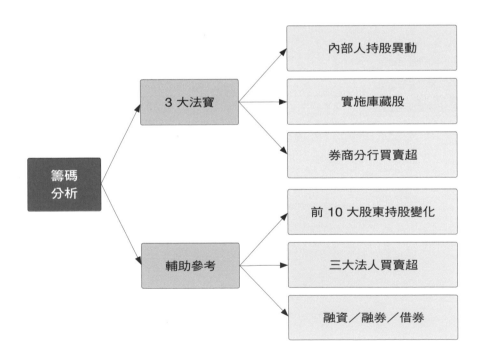

十二生肖的由來，其中一個說法是，玉皇大帝想以 12 種動物作為年歲代表，於是傳令各種飛禽走獸趕往天庭，並以報到先後作為生肖順序。老鼠雖然慢，但因為騎在牛身上，就在牛要抵達終點成為冠軍時，一鼠當先的跳出去，因此成了生肖之首，這恰恰也是籌碼分析的精神，借力使力。

散戶往往是資訊流的末端，如果能觀察買賣超的背後是誰，就能在投資時多一個參考，這就是籌碼分析的初衷。籌碼分析和技術分析，都是想找出市場的資訊不對稱，有趣的是，即使分析得再好，我們也還是不知道真相是什麼，但卻相信，別人認定的那些重大訊息是正確的，然後秉著這個精神，作出投資決策。

但，投資沒有這麼容易，也很常會看錯人，畢竟，我們完全不知道那些人是誰、目的是什麼、掌握多少訊息、資訊是第幾手、對股票懂多少。就像是老鼠運氣好，看到牛身強體壯，跳上去結果就得第一，但其實十二生肖故事的黑暗面，很可能是有更多動物跳到老虎身上，結果不僅沒得第一，反而還被吃掉。

籌碼分析 3 大法寶：內部人持股異動、券商分行買賣超、實施庫藏股

至於，怎麼做籌碼分析？最簡單的方式，就是找出買賣者是誰，判斷他們是否比其他人更了解公司。我認為，最重要的 3 個籌碼分析，分別是：內部人持股異動、實施庫藏股、券商分行買賣超。

1. 內部人持股異動

內部人是指董事、監察人、經理人，及持股超過 10% 的大股東，這些人更了解公司，因此當出現內部人申報持股異動時，也代表他們可能對公司的未來股價有些想法，而這些人的行為也相對有參考性。當然，也有少部分可能是個人財務規畫，與公司未來無關（見圖表 2-10）。

2. 券商分行買賣超

掌握重大資訊的人，未必都會用自己帳戶買賣，內部人也可能用其他人的帳戶買賣，這樣就不需要申報，但即使如此，還是能從籌碼看出蛛絲馬跡。**每天盤後會有券商分行的買賣超統計，**

圖表 2-10　內部人持股異動範例

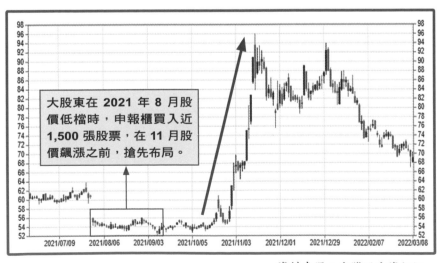

大股東在 2021 年 8 月股價低檔時，申報櫃買入近 1,500 張股票，在 11 月股價飆漲之前，搶先布局。

資料來源：台灣股市資訊網。

圖表 2-11　券商分行買賣超分析說明

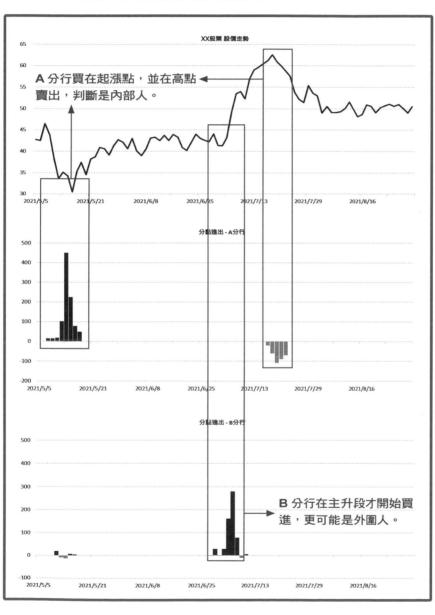

我們能找出過去買股時機掌握最好的分行，也就是往往在股價起漲前低點，囤貨最多的券商分行，並把他們作為指標，當這些人賣股時，也會是股價反轉的領先指標。當然，券商分行不只代表一個人，而是在那間分行下單的所有人，因此也可能誤判。並且也有更多主力躲藏於更大分行後面，分行每天進出量龐大，也更難猜出背後的真實交易（見第 83 頁圖表 2-11）。

3. 實施庫藏股

當股價遭到錯殺後，有些公司會回購庫藏股，也就是用公司資金從股市裡買股，這麼做往往能讓市場看到公司的決心，並認定股價嚴重被低估。因此，對股價暴跌的個股而言，庫藏股買回就會是一個正面訊號（見圖表 2-12）。當然，這也可能會有黑暗面，就是公司的未來的確堪憂，在買回庫藏股的同時，管理階層卻用人頭戶偷偷倒貨（庫藏股查詢見第 86 頁圖表 2-13）。

輔助參考的 3 種籌碼

除了我認為對股價最有影響的 3 種籌碼之外，我也會參考另外 3 種籌碼，但買賣訊號的判斷方式沒有這麼絕對。

1. 前 10 大股東持股變化

台股每年會公布一次前 10 大股東持股比例，我喜歡前 10 大股東中，對公司越了解，且投資期間越長的股東比重增加，例如

圖表 2-12　實施庫藏股實例

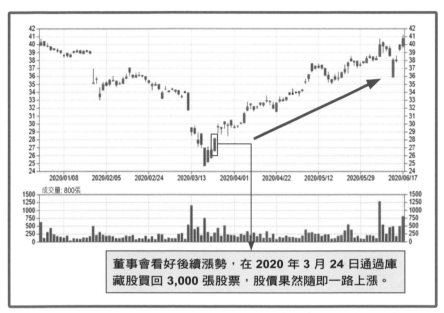

董事會看好後續漲勢，在 2020 年 3 月 24 日通過庫藏股買回 3,000 張股票，股價果然隨即一路上漲。

資料來源：台灣股市資訊網。

經營階層、主權基金（由一些主權國家政府所建立並擁有，用於長期投資的金融資產或基金）、政府相關基金等，這些數字在各公司的年報都可以找到，由於更新頻率太低，對於投資期間較短的人，參考性相對較低，但若應用於長期投資人，就是一個長期的參考依據。

2. 三大法人買賣超

三大法人是指外資、投信、自營商，普遍思考邏輯是，假設

圖表 2-13　庫藏股查詢

1. 進入公開資訊觀測站網頁，網址為 https://mops.twse.com.tw/，點選投資專區／庫藏股資訊專區／庫藏股買回基本資料查詢。

2. 輸入公司交易代號，即可查詢該公司實施庫藏股紀錄。

（接下頁）

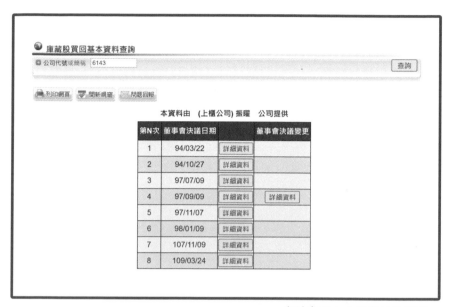

資料來源：公開資訊觀測站。

法人掌握的資訊比散戶多，判斷也更精準，那麼只要從三大法人的進出，就能看出個股的未來走勢。但由於三大法人是一個籠統的數據，假使是外資大買，也不知道是哪個外資，甚至不知是真外資，還是假外資；如果投信大賣，又是哪個投信基金？是因為預算被迫賣股，還是因為看壞個股？所以與其看三大法人，反而券商分行買賣超的數字可能更明確一些。我參考三大法人的時機，是應用於偵測趨勢或熱度，尤其是當法人不曾持股卻開始大買，就可以做些功課，也許有新的題材準備發酵。

3. 融資、融券、借券

　　融資是指借錢買進（散戶看多），融券是指借股賣出（散戶看空），而借券是指法人機構借股賣出（法人看空），普遍思考邏輯是，假設法人是贏家，散戶是輸家，那麼只要當融資增加就代表利空，當融券增加即代表利多，因為散戶永遠是錯的；當借券增加也代表利空，因為法人永遠是對的。這些指標有參考價值，但準確性有限，因為對於多數個股而言，散戶未必就是輸家，也有可能是握有重大消息的人，甚至是能影響股價的主力，勝率未必會低於法人（見圖表 2-14）。

　　我參考融資、融券、借券的時機，是要判斷個股的軋空或是

圖表 2-14　萬海（2615）融資餘額增加，股價卻大漲，散戶並非輸家

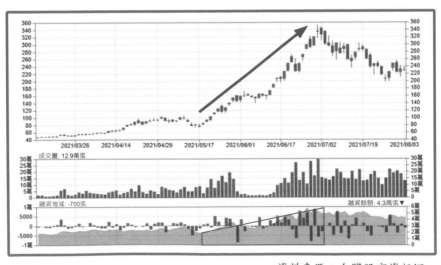

資料來源：台灣股市資訊網。

斷頭行情，若是可能出現軋空行情，可以先買進。軋空是指放空的人因為股價大漲而被迫停損，需要買進回補，導致股價續漲。若可能出現斷頭行情，可以先賣出。斷頭即是做多的人因為股價大跌而被迫賣出，這時可以參考融券及融資的餘額（見圖表 2-15、見第 90 頁圖表 2-16）。

　　另外，對於還不會分析股票，常聽明牌跟單的人，其實，籌碼分析也能幫上忙。當聽到消息說主力要炒作時，可以看券商分行，過去是否有相同分行不斷買進，證明消息的可信度；當聽到消息說投信要大買，可以看三大法人，是否真的在買。籌碼面是投資時，用來保護自己很好的方式。

圖表 2-15　精材（3374）融券軋空行情，融券餘額增加，股價大漲

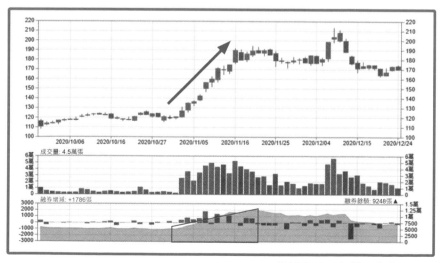

資料來源：台灣股市資訊網。

圖表 2-16　群創（3481）斷頭行情，融資大減，股價下殺

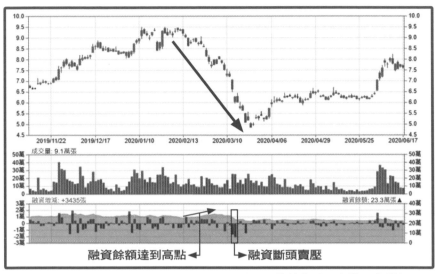

資料來源：台灣股市資訊網。

　　最後補充一點，籌碼分析只能判斷即將可能發生的重大利多或利空，但資訊也可能是人為造成的，或是他人誤判，因此不能只看籌碼面就決定買股，還是要能對公司有基本判斷才行。

本節重點

1. 每天盤後會有券商分行的買賣超統計，找出過去買股時機掌握最好的分行，以他們為指標，當這些人賣股時，也會是股價反轉的領先指標。

2. 還不會分析股票、常聽明牌跟單的人，當消息說主力要炒作時，可以看過去是否有相同券商分行不斷買進；消息說投信要大買時，可以看三大法人是否真的在買。

6

隱者模式：基本面選股，技術面找價位，籌碼面察異狀

金礦地圖

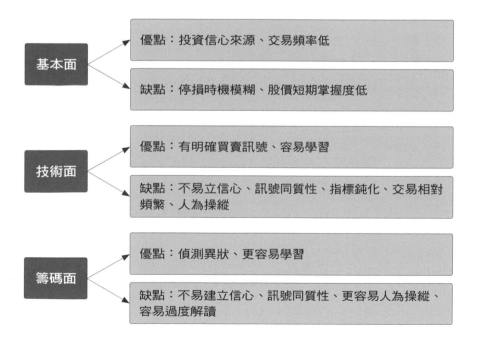

基本面
- 優點：投資信心來源、交易頻率低
- 缺點：停損時機模糊、股價短期掌握度低

技術面
- 優點：有明確買賣訊號、容易學習
- 缺點：不易立信心、訊號同質性、指標鈍化、交易相對頻繁、人為操縱

籌碼面
- 優點：偵測異狀、更容易學習
- 缺點：不易建立信心、訊號同質性、更容易人為操縱、容易過度解讀

　　基本面、技術面，或是籌碼面，在股市實戰中都有各自的限制，如果有充足時間學習，同時使用 3 種方式互補，投資時更能減少盲點。

基本面選股：
可對抗市場波動，也可能陷入攤平無底洞

　　基本面是投資的信心來源，了解基本面，就能在市場出現不理性波動時，不受影響，有助於長期投資。此外，由於基本面是依據公司營運狀況分析，不會每天都有變化，也就無須頻繁交易，除了省下手續費，更重要的是，能增加更多時間過好生活，或是找其他標的。

　　基本面的最大問題是，**很難判斷股價跌到多少算便宜**，也就不知道什麼時候該停損，所以基本面的**賣股邏輯是，「當買進的理由不存在」時賣出**。一旦基本面依賴的資訊有誤，或是管理階層說謊，抑或是投資經驗不成熟，都可能會買到錯誤的股票而不自知，當股價崩跌以為投資價值更高，而不斷攤平，最後卻陷入無底深淵。

　　基本面的弊病，在 2020 年台股有個很好的例子。康友-KY（6452）是以製藥業務為主的公司，2015 年掛牌，股價最高曾在 2018 年漲到 537 元，成為台股股后。後來公司捲入掏空的疑雲，股價連續 14 天跌停至 125 元，並在 2020 年無法取得會計師簽證被暫停交易。在暫停交易前，股價也連續跌停 7 根，跌至

上市以來最低價 56.6 元，最後在 2021 年 4 月下市，許多投資人也深受其害。當時股市也流傳了一句話，「今日康友，明日街友」，當基本面出現問題，未察覺而沒有停損，也就落入基本面的思考盲點（見圖表 2-17）。

　　基本面重視長線價值，較忽略股價短期走勢，因此對股價短期掌握度也較不敏感，我聽過不少崇尚基本面的人會說：「股價跌也沒關係，只要買到好股票，就算套牢也總會解套。」這麼說的確沒錯，但等待解套的同時也降低了投資效率，若能即時知道股價短期超漲，也可以等到修正後再布局。

圖表 2-17　康友-KY（6452）股價圖

　　　　　　　　　　　　　　　　　　　　資料來源：台灣股市資訊網。

技術面選股：
買賣訊號明確，但難以判斷重要性

　　技術面最大優點，是能**有明確的買進或賣出訊號**，對買進股票與設定停損價也能更果斷，**是用來彌補基本面停損的最大利器**。此外，基本面需要學習會計、財務、產業，還要能預估財務數字，而技術分析，只要學會技術指標背後的計算方式和邏輯，並且找到適合的方式就能使用，相對簡單。

　　技術面是由股價和成交量所衍生而成，無法判斷公司本質的好壞，因此缺點是難以建立投資信心，對抗市場波動。而且，單用技術指標買股雖能賺錢，但是當很多個股都出現相同買進訊號時，不易判斷誰的勝率更高。舉例來說，如果台積電（2330）與宏達電（2498）出現相同的買進訊號，且指標強度也相同，投資誰會更好？結果很可能的是兩個都買，分散掉風險，但同時也分散了報酬。

　　技術指標還有鈍化的問題，有些技術指標如 KD 指標、RSI 數值，當訊號過強或是過弱，超出了特定區間，就容易喪失指標功能。

　　另外，若單用技術指標的買賣訊號做投資，交易往往更加頻繁，除了徒增手續費，市場盤整時，也會產生過多無效交易。交易量或是市值較小的股票，技術線型也有被人為操縱的風險，資金龐大的有心人士會投市場所好，做出看似完美的線型來誘殺。

投資小百科／指標鈍化

　　當股價連續多天大幅上漲或下跌，會使技術指標在高檔或是低檔區間的波動減緩，股價無法有效反應指標變化，這就是指標鈍化的現象。例如 KD 指標或是 RSI 指標在股價不斷上漲時，指標超過 70；或是股價不斷下跌時，指標低於 30，股價變化對指標的影響下降，指標波動會減緩，這時指標的參考價值也會降低。

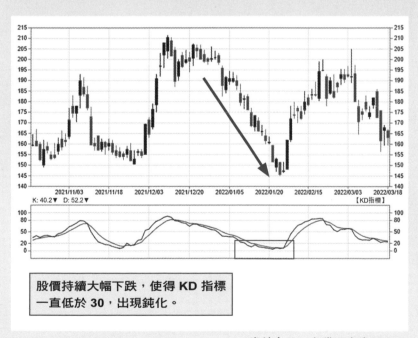

股價持續大幅下跌，使得 KD 指標
一直低於 30，出現鈍化。

資料來源：台灣股市資訊網。

籌碼面選股：
能偵測股價短期異狀，有時也會過度解讀

當股價短期出現劇烈波動時，基本面無法解釋原因，技術面只能猜「可能」有不尋常消息，**只有籌碼面能掌握特定買盤賣盤**，因為籌碼是真金白銀的交易結果。籌碼面沒有複雜公式，只需追蹤特定買賣盤的變化，可以偵測股價異狀，當出現特定人士或券商分行不尋常的連續賣壓或買盤，就能多一個參考。

但遇到股價修正時，籌碼面一樣不容易產生堅定的持股信心，撐過不理性的波動；當很多個股同時都有相同訊號，例如主力連續大買時，也很難判斷誰更值得買。籌碼面也比技術分析更容易被有心人製造假象，像是看到單一券商分行連續大買都沒賣出，以為是主力掌握重要消息偷跑，但其實主力可以透過不同的券商分行同時賣出，分散單量，讓局外人看不出來。

籌碼面的最大弊病，是容易過度解讀，同一個券商分行的買賣可能是不同人在買股，卻以為是同一群人在囤貨；相同的，即使都是投信買超，也可能是不同基金買賣後的總和。

了解各方式的優缺點後，就能試著搭配使用，減少投資盲點。對我而言，最重要的是持股信心，因此我**以基本面選股**，建立信心，但也會透過技術面和籌碼面解決基本面的兩大缺點。一是停損時機不明確，這剛好是技術面的最大優點，因此我**以技術面決定買賣價位**；二是股價短期掌握度低，這又剛好是籌碼面的最大優點，因此我**以籌碼面偵測股價異狀**，互相截長補短。

圖表 2-18　基本面、籌碼面、技術面優缺點整理

	基本面	技術面	籌碼面
優點	・投資信心高 ・交易頻率低	・有明確買賣訊號 ・容易學習 （輔助基本面停損時機模糊的缺點）	・可偵測異狀 ・更容易學習 （輔助基本面對股價短期掌握度低的缺點）
缺點	・停損時機模糊 ・股價短期掌握度低	・不易建立信心 ・訊號同質性 ・指標會鈍化 ・交易相對頻繁 ・可能人為操縱	・不易建立信心 ・訊號同質性 ・人為操縱更容易 ・容易過度解讀

圖表 2-19　隱者的投資模式

基本面選股	技術面找價位	籌碼面察異狀
1. 投資信心高 2. 交易頻率低	（輔助基本面停損時機模糊的缺點）	（輔助基本面對股價短期掌握度低的缺點）

本節重點

1. 基本面能建立持股信心，但很難判斷什麼時候該停損，容易陷入攤平的無底洞。

2. 技術面有明確的買進或賣出訊號，是彌補基本面停損的最大利器。

3. 股價短期波動時，只有籌碼面能掌握真實的行為，只需追蹤特定買賣盤的變化，當出現不尋常的連續賣壓或買盤，就能提早準備。

7

相處要懂個性，
買股要懂股性

　　股性這個名詞，是我進入投資行業沒多久，就聽到經理人閒聊中提到的名詞。當時覺得不可思議，股票又不是人，怎麼會有個性？股價只是群眾反映的認知而已，股票又不是真的能決定自己要怎麼漲、怎麼跌。

　　但投資久了，越相信股性的存在，應該不是說相信，而是股票真的都有股性。那麼，股票為什麼會有個性？又是怎麼被塑造出來的？很簡單，**股性來自於這支股票吸引到的買家是誰，而股票價格是由多數人決定，因此，買家的特質會決定股票的個性。**

　　舉例來說，一樣都是半導體產業，會買台積電（2330）和會買聯電（2303）的，可能就不是同一群人，買台積電（2330）的人是因為股價穩健、競爭力全球最高、外資比重更高等，雖然聯電（2303）偶爾能在短時間內大幅上漲，但放長投資，台積電（2330）多的是一份安心。

　　會買聯電（2303）的人可能是因為股價低、評價便宜、股價

波動大等，讓短線交易的套利空間也相對較大。青菜蘿蔔沒有誰好誰壞，各自能吸引到不同買盤，只是當一支股票的買盤同質性越來越高時，也就塑造了這支股票的股性。

股價波動會吸引不同買家，也決定不同股性

股價波動是造成股性不同的很大原因，因為會影響到是長期投資人來買股票，還是短期投資人。剛剛的例子中，買台積電（2330）的人，持股期間會比買聯電（2303）的長，同樣的，如果是買大立光（3008）的人，持股期間往往也會比玉晶光（3406）長，甚至買聯發科（2454）的人，持股期間也會比買晶豪科（3006）長。有趣的是，同一個人買了兩支不同的股票，也會因為個別的股性，產生不同操作方式，彷彿有兩個人格。像是買了台積電（2330）和聯電（2303），我也會持有台積電（2330）比聯電（2303）久，原因就在於我對它們股性的既有印象有所差異，進而影響到投資策略。

若要衡量股價波動，風險係數 Beta 值是很好的指標。Beta 表示單一個股對比大盤的波動，當 Beta 等於 1 時，表示個股股價波動與大盤相同；而 Beta 越大，則表示個股波動大於大盤波動，反之亦然；只有當 Beta 小於 0 時，表示個股波動與大盤是相反方向。因此，我們也能以客觀的數據，看出不同股性。

此外，同樣產業的個股有不同股性，更何況不同產業之間，買家的特質一定差異更大，也讓股性差異更大。例如，台積電

投資小百科／風險係數 Beta 值

　　風險係數 Beta 值，是用來評估個股股價漲跌與大盤波動的關聯性。

　　　　$\beta > 1$：個股波動＞大盤波動

　　　　$\beta = 1$：個股波動＝大盤波動

　　　　$\beta < 1$：個股波動＜大盤波動

　　　　$\beta < 0$：個股走勢跟大盤相反

圖表 2-20　不同公司的股性差異，可從不同天數的 Beta 值看出來

個股名稱 （交易代號）	1 週的 Beta 值	半年的 Beta 值	1 年的 Beta 值
台積電（2330）	0.92	1.23	1.03
聯電（2303）	1.51	1.47	1.66
大立光（3008）	0.95	0.90	0.65
玉晶光（3406）	1.97	1.79	1.73

註：根據 2022 年 3 月 1 日資料。　　　　　　資料來源：台灣股市資訊網。

（2330）與中華電（2412）、台塑（1301）、長榮（2603）、高端疫苗（6547）的股性差異，絕對比台積電（2330）和聯電（2303）之間還大。

買長榮（2603）的人，應該對買台積電（2330）相對冷感，買中華電（2412）的人，可能永遠都覺得高端疫苗（6547）太貴。但誰好誰壞，沒有一定，只能說，找到適合的才重要。如果風險承受度低，像是買股票的錢都是借來的，那就要認清事實，不要想挑戰妖股，以免遺憾終身。話說回來，2020 年之前，長榮（2603）股價波動相對小，但在 2020 年後塞港那段日子，股價常是正負 5% 波動，這也代表，股票其實和人一樣，個性也可能會隨時間改變。

資訊不透明，買家越投機，股性也越難掌握

投資越久，我越重視股性，發現有些股票，明明我知道它的波動大小，也用相同的投資邏輯，基本面、技術面、籌碼面等也都符合同樣條件，但就是有些股票比較容易獲利，有些卻很難賺到錢。

進一步分析這個差異後，我才明白，除了股價波動外，影響股性的另一個原因，就是資訊透明度。舉例來說，假設收集很多資料後，判斷半導體下一季的財報很好，買台積電（2330）的賺錢機率也許會比買聯電（2303）還高，這之間的差異主要是來自於，台積電（2330）的資訊透明度更高，也就是股價不容易在重

大事件公布前異常波動，而這往往是由公司文化所決定。

　　資訊不透明的公司，表示散戶接收到的資訊容易落後於其他投資人，對於無法即時掌握資訊的人，就該減少投資股性不好的股票。2021 年的航運股是個例子，當公布營收前，有些公司的股價往往會偷跑，卻在公布營收創新高後股價反而下跌，彷彿股價下跌和營收新高是平行世界。

　　最後，也許有人會問，如果很**看好一支股票，但不了解它的股性**，怎麼辦？我想**唯一的解法，就是資金控管與長期投資**，也就是股票不要壓過頭，然後不要短線交易。無論股價波動多大、資訊透明度如何，股價最後還是會回到公司本質，只是投資的過程中，會比較顛簸一些。

　　本節重點

1. 股性來自於這支股票吸引到的買家是誰，因此，買家特質會決定股票的個性。
2. 看好一支股票，但不了解它的股性時，唯一解法是資金控管和長期投資。

8

股息是自掏腰包，
回購才是公司請客

「你覺得定存股值得買嗎？」這是投資最常見的問題之一。投資定存股有個觀念需要釐清，定存股是股票，不是定存，即使能跟定存一樣，買了就不賣，不代表就享有和定存一樣的低風險。**凡是投資股票，就會有股價波動的風險**，想和定存一樣無風險，更像是一廂情願。

很多人會拿電信股、金融股、水泥股、鋼鐵股等高殖利率的股票，作為定存股，但這些股票的特質，並非都適合。電信股產業已不若以往有定存的特質，在手機進入 4G 時代後，出現許多社群軟體能夠免費通話傳訊息，電信業務的利潤被壓縮，加上建置 5G 基地臺的資金需求，讓現金股利也不易再提升，像是台灣大（3045）、遠傳（4904）股利配發率已超過 100％，也就是賺 1 塊錢，公司已經配發超過 1 元的現金股利，若是看中現金股利能持續提升，電信股就不是好的定存股。

金融股則是，金融業會受到總體經濟、景氣與貨幣政策的影

響，產生營運面的波動，金融股的好處是營運穩健、市場寡占與進入門檻高，但長期來看，潛在風險是受到非銀行體系的競爭影響，例如線上支付平臺、線上借貸平臺等。若要考量金融股作為定存股，可以優先考慮體質好、積極推動金融創新科技，且能維持成長的個股。水泥股及鋼鐵股受景氣循環影響大，反映供需變化，股價波動劇烈。供需變化不是長期能掌控的變數，因此並不適合做定存股。

現金股利不算收入，股價會漲才是賺到

很多人對定存股有個誤解，認為「股票的殖利率比定存高，報酬率就比定存好，當然去解定存，然後買定存股」。例如 1 支股票的股價是 100 元，配發 5 元現金股利，就會拿 5% 的現金殖利率去和銀行定存利率比，認為更值得投資。這個想法的盲點，是以為股價不會下跌，或是說，就算下跌也一定會漲回去。

的確，很多好股票的投資期望值能比定存高，但，這絕對不是只看殖利率，就能得到的簡單結論。

要了解定存股和定存不同的本質，就必須從現金股利和定存利息來釐清，**現金股利是自掏腰包，定存利息才是額外收入**。很多人覺得現金股利是被動收入，但實際上，只是左口袋的錢放到右口袋。如果一檔股價 100 元的股票配發 5 元的現金股利，那麼在配發現金股利的同時，股價也會下降至 95 元，少掉的這 5 元就是配發現金股利所扣除。因此，收到現金股利，實際上財富並

沒有改變，收入像是從股價提款拿的。

但若將同樣的 100 元放在定存，年利率 1%，1 年後拿到了 1 元的定存利息，財富就會從 100 元的存款，變成 101 元，相對於現金股利，定存才有額外收入。

如果說領股息會增加財富，那也是因為股票填息。股票填息是指配息後，股票漲回配息前的價格。因此，領股息並沒有增加財富，而是股票填息，而填息也就是指股價上漲，投資定存股的重點，不是只看殖利率高低，而是回到判斷股票是否會漲。

回購股最重要意義：公司對自己有信心

現金股利除了不是額外收入，還有一個缺點，就是財富沒增加，卻要被課稅。另一方面，活期存款利息無須課稅，定存利息才需課稅（註：定存利息金額 20,010 元以上，須扣繳 10% 所得稅），但稅率也相對現金股利低。因此，只追求現金股利，對投資的幫助真的有限。

如果是以定存的概念投資股票，也就是買了就不賣，有跌就買更多，在不考慮產業發展的前提下，我會更傾向以股票回購的概念來選股。股票回購股有很多定存股沒有的優點：

1. 股本變小：股票回購是公司利用現金從股市買回股票，並且註銷，因此股本會變小。股本變小，能在賺得相同的盈餘之下，增加每一股所能分到的獲利，也就是每股盈餘要成長變得相對容易。

2. 代表公司看好自家股票：**公司放棄投資設備、廠房，或是進行併購，反而股票回購，代表公司認為自家股票投資報酬期望值更高。**公司所掌握的資訊比散戶多，因此股票回購，代表公司認為股價已低於公司每股價值。

3. 公司現金充足：沒有錢的公司會借錢、籌資，能夠穩定做股票回購的公司，顯示現金相對充沛，營運相對健康。

4. 免稅：相對於股利、利息，股票回購並不會產生收入，因此投資人無須繳稅。

定期回購比回購量增加更重要

股票回購股與現金配發股一樣，並不是回購越多就越好，還是要搭配公司本身的條件，若能滿足以下條件更好：

1. 定期股票回購：好的回購股，會定期執行股票回購，無論股價是否超跌，長期的股票回購，也代表公司對未來發展有信心，並且與股東站在一起。相反的，有些公司只有在股價出現不理性大跌時，才進行股票回購，例如股災、被放空機構盯上、市場傳出不實謠言等事件發生，這些一次性的股票回購，雖然也能加強股東的信心，但更像是因為超跌有機可圖，而不是肯定公司長期價值，就不是我們要找的。例如摩根大通（JPMorgan Chase & Co.，美股代號 JPM），在 2009 年金融海嘯股價低點時執行回購，但日後無固定的回購動作，就不符合條件。

2. 自由現金流量充足：當現金流量充足，才能執行股票回

購。如果公司的股票回購是透過增資或借錢，那其實也是假象，因為增資會讓股本增加，借錢會讓財務體質變差，股票回購就沒有意義。

3. 獲利穩健成長：有穩健的獲利，才能有更健康的現金流做股票回購。對於不會成長的公司，即使做股票回購，也很難維持長久。

4. 營運波動小：營運波動小的公司，股價波動也會較小，對買了就不賣股票的長期投資人而言，也能更安心。

5. 流動性好：流動性好攸關變現能力，如果有變現需求，流動性好的股票賣出時，也不會有太大的價差。

股票回購是股東的保護傘

美股有很多符合這些條件的公司，例如微軟（MSFT）（見第 109 頁圖表 2-21）、蘋果（AAPL）（見第 110 頁圖表 2-22）、Nike（NKE）、Google（GOOG）等，都是長期會做股票回購的公司。若要比較定存股與股票回購股的股價長期表現，我們能參考兩檔指數型 ETF，分別是 SPDR 標普高股利 ETF（SPDR S&P Dividend ETF，美股代號 SDY）與 Invesco 股票回購 ETF（Invesco BuyBack Achievers ETF，美股代號 PKW）。SDY 是以買進定期配發高殖利率個股為主的指數型 ETF，代表定存股組合，而 PKW 是以買進定期買回庫藏股個股為主的指數型 ETF，代表股票回購股的組合。

　　從第 111 頁圖表 2-22 可以看出，Invesco 股票回購 ETF（PKW）的股價，從 2009 年金融海嘯後，到 2021 年的漲幅是 285％，高於標準普爾 500（SPX）的漲幅 230％，也高於 SPDR 標普高股利 ETF（SDY）的 104％。如果對投資股票回購股有興趣，也能直接從 Invesco 股票回購 ETF（PKW）的成分股中，挑選更適合的個股投資，但前提是要先了解它的選股邏輯。

　　穩健配發現金股利和執行股票回購，都是投資人很好的保護傘，能夠避開營運體質差的公司，因為要做到這兩件事的前提，都是公司的現金流要健康。但有兩件事情例外，一個是辦理募資或是銀行借款，因為用外面拿來的錢配發現金股利，或執行股票回購，更像是刻意捏造的形象，讓股東覺得公司現金流充足，實際上是幫股東借錢或是籌資，然後再配發現金股利或是回購，滿足股東需求。另一個是公司的獲利要能成長，一個獲利不能成長的公司，也就沒有穩定的現金流能夠支撐長期配發現金股利或回購股票。

　　因此，無論是定存股或是回購股，都不要忘記，投資能夠賺錢的核心，都是股價要能上漲！

掃描聽更多
股市隱者 vs. 股海老牛
抱緊股也是定存股的一種選擇，討論現金股利的
意義與回購股。

圖表 2-21　微軟（MSFT）每年回購規模（上圖）及股價表現（下圖）

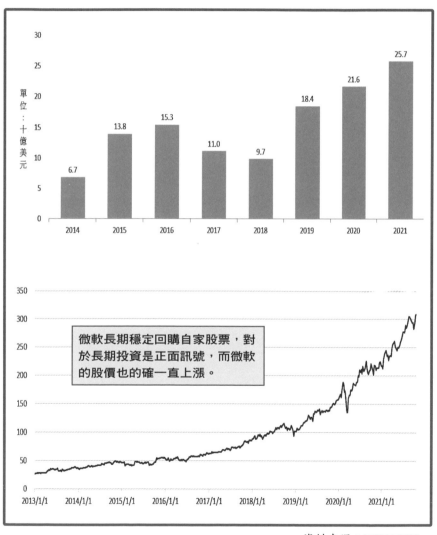

資料來源：YCHARTS。

圖表 2-22　蘋果（**AAPL**）每年回購規模（上圖）及股價表現（下圖）

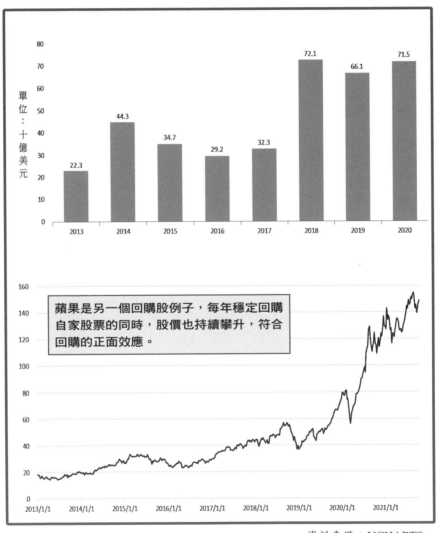

蘋果是另一個回購股例子，每年穩定回購自家股票的同時，股價也持續攀升，符合回購的正面效應。

資料來源：YCHARTS。

圖表 2-23　SPDR 標普高股利 ETF（SDY）、Invesco 股票回購 ETF（PKW），與標準普爾 500 的股價表現

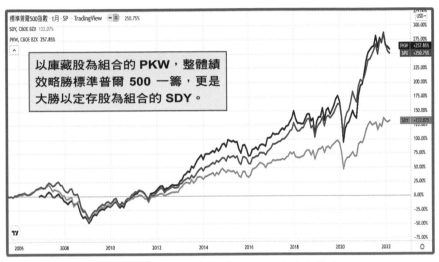

註：黑色曲線為 PKW，深灰色曲線為標準普爾 500，淺灰色曲線為 SDY。

資料來源：TradingView。

本節重點

1. 公司放棄投資設備廠房，反而股票回購，代表公司認為自家股票的投報率更高。

2. 穩健配發現金股利和執行股票回購，是投資人很好的保護傘，能避開營運體質差的公司。

第 3 章

投資趨勢
是複製獲利的方程式

——買到贏勢股像倒吃甘蔗，但先要有甘蔗。

1

贏勢股是千里馬，
而你是伯樂嗎？

金礦地圖

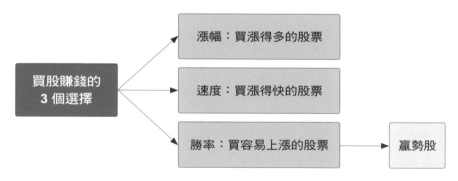

很多人剛開始接觸投資時，沒有方向，聽到什麼方法都想嘗試，結果常是效益不彰，每種投資方式都像是食之無味、棄之可惜，於是在股市中徘徊，找不到最對的那一味。

我也曾不斷探索最好的投資方式，最常出現的結果是，讓我虧最多的，往往是覺得最好賺的錢；賺最多的，偏偏是覺得最無聊的股票。我漸漸發現，最喜歡的投資方式，往往不是最適合

的，而**最適合的投資方式，往往也需要時間去慢慢喜歡**。

　　蘇格拉底（Socrates）喜歡用反問的方式找到真理，我也在有了痛苦經驗和進入法人的大觀園後，開始勇於懷疑現行的投資方式，並且不斷反問自己：我想要的投資方式到底是什麼？在經歷了不同的投資階段，價值觀不斷的轉換，才找到解答。

　　畢業前：在求學時，課堂上教的財務理論，或是朋友推薦的書籍，大多在講基本面，耳濡目染之下，我也成為基本面的信徒，甚至覺得，「如果不會分析股票，要怎麼投資，連巴菲特都證明基本面有效了。」當時研究個股，會去買產業相關書籍，然後翻年報、看市場報告，覺得基本面是唯一正解，技術面和籌碼面更像是看圖說故事。

　　工作後：剛開始接觸技術面時，覺得技術面像是把偶然出現的訊號挑出來整理在一起，就證明這些訊號有效，但其實例外的走勢也不少。而籌碼面也是如此，看到三大法人買進就覺得正面，但其實法人也會賠錢。

　　進入投資行業後，我才意識到，股市充斥不對稱資訊，有些買盤總是先知，都能在大漲前買進，利多公布前布局。這是因為資訊像水流，到手總會有先後順序，管理階層是第一手、皇親國戚和上游廠商是第二手，等到散戶得到訊息時，可能已經是第十手之後了，若是單看基本面就買進，反而成了冤大頭。因此，技術面和籌碼面的價值，就是找出這些先知，然後調整自己的進出場時機。

現階段：一路經歷下來我體會到，基本面、技術面、籌碼面的訴求各不同，基本面看產業和公司、技術面看股價與成交量、籌碼面看買超與賣超，三者互相搭配，投資判斷能更精準。因此，我現在以**基本面**為主，並參考**技術面找買賣價位**，再以**籌碼面追蹤異常變化**。

投資不是許願池，扔錢就能實現願望

不過，學會分析是一回事，挑選股票又是一回事。當手上有不少股票，該如何挑選？

選股的重要性在於過濾股票，在對的時間投入對的股票。但股票如銀河無垠，我也是一步步才到找到屬於自己的那顆星。

投資如探險，要找到金礦，就要先找到對的方法，我問自己：我要的投資模式是什麼？答案是，「在有限的時間內，賺到最多錢」，也就是同樣時間、同樣資金之下，賺的要比別人多，而且虧的比別人少。但投資不是許願池，把錢丟進去，願望就會實現。

投資賺錢有 3 個方式，一個是買漲得多的股票，一個是買漲得快的股票，一個是買很容易上漲的股票。當然，如果可以找到同時具備這 3 個特質的股票更好，但相信我，你不是在做夢，就是先知。想要漲得多可以找跌深反彈股，想要漲得快可以找股價波動大的妖股，想要容易漲可以找穩健的成長股，漲幅（漲得多）、速度（漲得快）、勝率（容易漲），三者難以兼得。

　　這些要素中，漲幅和速度都是上漲後的報酬率，而勝率表示上漲的可能性，如果連上漲可能性都沒把握，那麼追求上漲後的報酬率更像緣木求魚，想通之後，我選擇了勝率。

勝率，決定在對公司的把握度

　　勝率是看股價上漲或下跌的機率，報酬率是看股價會漲或跌到什麼價位，勝率可以因為對於個股的了解程度而增加，所以能夠掌握在自己手上，而報酬率會到什麼價位，是整個市場操作的結果，所以是取決於市場。因此，勝率比報酬率更可靠，畢竟，猜漲或跌，比猜漲或跌到哪裡還容易，也更真實。如果連漲跌都難以掌握，就更不用預測價格會到哪裡。就像是看到樹葉在飄，推測風的方向容易，但要預測樹葉在哪著地，相對困難許多，必須再看風多強，並且能刮多久。

　　《孫子兵法》中言：「善戰者，不責於人；故能擇人而任勢。」擅長打仗的人，都會努力尋求對自己有利的態勢，而不是苛責別人。追求勝率的另一個優點，就是能夠維持贏家的氣勢。**當虧損多了，會降低投資信心，也會變得猶豫不決，影響到後面的判斷，而贏家有更多容錯空間，決策也能維持果斷。**

　　勝率高或低，決定在我們對公司的把握度，無論是從基本面、技術面或是籌碼面，但報酬率高或低，就是取決於市場的共識。但了解市場，比了解公司難得多，例如當一個產品出現短缺，我們能判斷哪些受惠股會上漲，但最後個股實際漲了多少，

就得看市場熱度。

像是一個朋友，在 2020 年時精準判斷疫情會導致塞港，航運股上漲機率很高。他投資後也的確賺了不少，但也因為太早賣出而少賺更多，就自我調侃：「我以為賺 1 倍已經夠多，原來可以賺到 3 倍。」

趨勢是股價創新高的幕後推手

勝率，就是指股價上漲的機率，要找到高勝率的個股，也許要先知道什麼股票能一直上漲。於是我與自己展開了思辨：

「什麼股票能長期不斷上漲？」

「未來越來越好的公司。」

「未來越來越好，具體而言是什麼？」

「是未來能夠不斷成長的公司。」

股價反映的是公司的未來價值，能一直上漲的公司，代表能夠不斷成長。只要成長時間夠久，獲利就能不斷放大，股價也能不斷創高。

成長的背後都有股力量，例如台積電（2330）長期上漲的力量，來自於科技會不斷進步，晶片需求永無止境的提升；而亞馬遜（AMZN）的上漲力量來自於雲端服務，在數位趨勢，企業有更多雲端計算與空間需求。這些力量，就是**未來的成長動力**。

接著，我又問自己：「什麼樣的成長動力最持久，也最難被外力改變？」若能回答這個問題，也許就能找到選股的邏輯了。

為了回答這個問題，我歸納分析全球股價長期表現最好的那一群，發現他們的成長有個共同特質，就是受惠於趨勢，在同樣趨勢中，又以龍頭股股價表現最好，因為是受惠於趨勢的贏家，因此，我稱為贏勢股。當市場受惠趨勢而成長，贏勢股也憑著自身優勢取得先機，並且拉高進入產業的門檻，獨自汲取市場成長的養分，滋養股價不斷上漲。

贏勢股，是追求勝率的解答

投資贏勢股，關鍵不在於誰賣得好，而是誰買得早。只要趨勢尚未改變之前都無須賣出，因為賣了之後，往往會再用更貴的價格買回來。因此贏勢股是早買早享受，晚買也沒折扣。

贏勢股給人的既定印象是股本大，上漲緩慢，需要長期投資才能賺到錢，但其實並非如此。2008 年金融海嘯至今，全球股市屢創新高，大多是由不同的贏勢股帶動，例如台股的贏勢股代表是台積電（2330），若從 2016 年持股至今，報酬率超過 3 倍；美股有更多贏勢股，若從 2016 年持股網飛（Netflix，美股代號 NFLX）至今，報酬率超過 4 倍；而同期間特斯拉（TSLA）報酬率超過 20 倍，因此，投資贏勢股，看似慢慢賺，其實賺更快。

因此，從反覆思辨中，我得到了結論，當我追求的是勝率，那麼趨勢就是解答，只要能從趨勢找出龍頭股，就能得到勝率最高的股票──贏勢股。

圖表 3-1 台積電（2330）股價圖

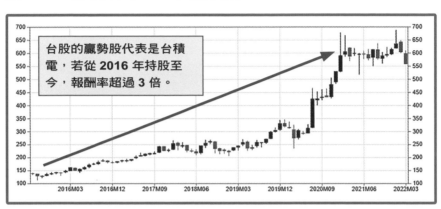

台股的贏勢股代表是台積電，若從 2016 年持股至今，報酬率超過 3 倍。

資料來源：台灣股市資訊網。

圖表 3-2 特斯拉（TSLA）股價圖

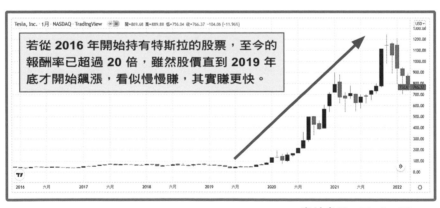

若從 2016 年開始持有特斯拉的股票，至今的報酬率已超過 20 倍，雖然股價直到 2019 年底才開始飆漲，看似慢慢賺，其實賺更快。

資料來源：TradingView。

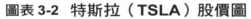

本節重點

1. 公司能不斷成長，獲利就能不斷放大，股價也就不斷創高。
2. 最穩健的成長是受惠於趨勢，趨勢中的龍頭就是贏勢股。

2

找趨勢，
切莫見風轉舵

金礦地圖

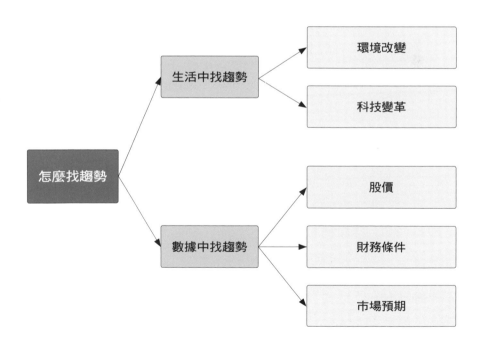

趨勢，是未來必經之路，是勢在必行，是外界無法撼動的局勢，例如大數據、人工智慧、自動駕駛、物聯網，這些趨勢沒有任何一個人、企業，或國家能夠阻止發生。因此，投資趨勢的最大好處，是它必然會發生，因此勝率高。

投資趨勢還有兩個特點，一個是趨勢可以複製，而可複製就是投資致富的必要條件。趨勢是一個現象，隨時都存在，會發生於過去、現在、未來的任何時候，每個時間點都有當下的趨勢，「過去」的趨勢成就「現在」，「現在」的趨勢成就「未來」。趨勢的發生是有跡可循，因此投資也就能複製。

另一個好處是趨勢隨處可見，看不懂股票的人也看得懂趨勢，因此投資趨勢適合大部分的人。跟隨趨勢不需要精打細算，也不需要實驗證明，只要用心觀察，留意生活的周遭，就能找到趨勢。

但，投資趨勢不能見風轉舵，看到股價跌就馬上換股。趨勢是市場的群體共識，不是我們今天觀察、買進，股價就會上漲，而是當越來越多人意識到趨勢帶給個股的獲利成長，股價才會不斷上漲。因此，不能短線持股，但要持股多久，則要回到趨勢能延續多久，有些趨勢可以維持 10 年，例如智慧型手機；有些可以維持 20 年，例如軟體。那麼，何時可以賣股，唯一的原則就是，當趨勢即將被顛覆或滿足前，出清持股，落袋為安，然後再尋找下個趨勢。

趨勢就在生活中，數字也能看出端倪

趨勢怎麼找？趨勢有很多種，從服裝材質改變、生活習慣改變、到人口結構改變都是，找趨勢有兩種方式，比較直觀的方式是從生活中找，另一種是設定條件，從數字中找。

從生活中找趨勢，要先釐清趨勢是如何產生的，才能在趨勢成型之初就觀察到。趨勢的產生來自 2 個原因，一個是環境改變，另一個是科技變革。

1. 環境改變形成的趨勢

環境改變形成的趨勢像是貧富差距、老年化、COVID-19 等，會讓既有產品因為周圍環境條件改變，而出現新的需求。像是貧富差距帶動美國廉價雜貨連鎖店美元樹（Dollar Tree，美股代號 DLTR），與奢侈品牌路威酩軒（LVMH，歐股代號 MC）股價長期表現走多；而老年化帶動保養品、保健品、化妝品、醫美的市場；COVID-19 則是刺激了口罩的需求。

2. 科技變革產生的趨勢

科技變革的趨勢則像是互聯網、線上支付、影音串流、人工智慧等，這些趨勢來自於橫空出世的新科技，創造了新的生活模式，也創造出新的產品。像是影音串流的趨勢，帶動影音平臺霸主 Netflix（NFLX）股價上漲，而人工智慧帶動繪圖卡晶片大廠 Nvidia（NVDA）股價創高。

數字中找趨勢，有效率但小心誤判

從數字中找趨勢是指，設定條件後，用軟體找出符合趨勢的個股，我慣用的條件有 3 種，從易到難分別是股價、財務條件、市場預期。無論用哪一種，前提是要能從財報、看盤軟體或是付費資料庫取得數字。從數據中找趨勢的最大好處是省時，不用在生活環境裡大海撈針，但壞處是只看數字容易誤判，要再搭配個股研究，找到贏勢股的機率才會更大。

1. 用股價找趨勢

用股價找趨勢是最簡單的方式，只要觀察股價創新高或是創新低，就能看出趨勢的發展，創新高是趨勢受惠股，創新低則是遭趨勢取代股。為什麼股價新高或新低可能會是一個趨勢？這就好比牛頓第一運動定律，一個等速移動的物體，如果速度突然改變，一定是出現外力干擾。相同的道理，若股價走勢打破慣性創新高，那麼這個外力可能就是趨勢。

但只看 1 支個股創新高，有可能是一次性因素，例如被收購、搶到訂單，而非趨勢。因此，**同時觀察整個族群的股價是否一起創新高或新低，就能減少誤判。**

看股價找趨勢另有 2 個缺點，一個是看出趨勢時，股價往往已上漲一段，因此判斷趨勢能延續多久更重要，這就需要回到基本面的分析。另一個缺點是即使找出趨勢，也看不出贏勢股，因為股價高不代表競爭力更強，有可能是股本大小的差異。

2. 用財務條件找趨勢

用財務條件找趨勢，是指設定財務數字的相關條件，用軟體找出符合趨勢的股票，例如營收成長率、毛利率、獲利成長率、市占率等。與用股價找趨勢不同，用財務條件可以篩選出贏勢股，例如依照市值大小排序，**市值最大者，往往成為贏勢股的機會也較高**。但要非常注意的是，財務數字必須用預估數字，而非歷史數字，因為股價是反映未來，歷史數字只能確認已發生的趨勢，無法看出未來。

我使用的財務條件有 4 個重點，分別是未來成長性、獲利提升、市值大、概念純，其中，未來的成長性及獲利預估數字，都可以在個股的法說會或券商的研究報告（見第 127 頁）找到。使用財務條件找趨勢範例如下：

* 未來 2 年的營收成長率皆高於 10%，並高於產業平均。（未來成長性）

* 未來 2 年淨利成長率高於 15%，並高於產業平均。（未來成長性）

* 未來 2 年的毛利率連續上升。（獲利提升）

* 未來 2 年的淨利率連續上升。（獲利提升）

* 市值超過新臺幣 50 億元。（市值大）

* 受惠於趨勢成長的產品，占公司營收至少超過 50%。（概念純）

舉例而言，目前能滿足上述條件的台股有欣興（3037）、嘉澤（3533）、元太（8069），但其實也有更多標的能找到。

其中要注意的是，有些贏勢股因為處於趨勢初期，營運還在虧損，無法滿足第 2 個條件，而成為遺珠之憾，但這些公司營收高速成長之下，其實未來獲利也能大幅增加，因此吸引許多買盤提前進駐，帶動股價上漲。例如 ServiceNow（美股代號 NOW）是美國一家企業流程自動化的軟體公司，雖然 2019 年才開始獲利，但在此前 5 年營收連續成長超過 30%，也讓股價提早漲了 2 倍。因此，設定財務條件也能依不同產業特性微調（見第 128 頁圖表 3-3）。

3. 從市場預期找趨勢

市場預期是指法人分析師對於產業或公司營運能力的預估，觀察他們預估數字的變化，也能找出趨勢。例如，當各家分析師突然都大幅調升整個族群的營收或獲利，很可能就是趨勢的重要訊號。假設，高通（美股代號 QCOM）與聯發科（2454）預估來年的每股盈餘分別是 10 元和 80 元，但突然分析師陸續提出的新報告都分別上調到 15 元和 100 元，也許即代表新的趨勢來臨，例如兩者開始搭上自動駕駛晶片的趨勢。

趨勢和股票一樣，都有好壞之分

然而，並非所有趨勢都值得投資，如果只是曇花一現，甚至

投資小百科／未來的財務數字哪裡找？

　　個股未來的財務數字，像是預估營收成長率、獲利成長率、毛利率、市占率等，都可以藉由參加法說會，或是從看盤軟體下載券商提供的研究報告取得。（圖例為元大證券看盤軟體介面）

點選個股旁的迴紋針符號，即可查看券商對於個股的研究報告。

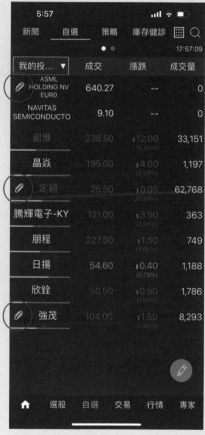

資料來源：元大證券看盤軟體。

127

圖表 3-3　ServiceNow（NOW）股價（上圖）、營收成長
　　　　　與每股盈餘（下圖）的關係

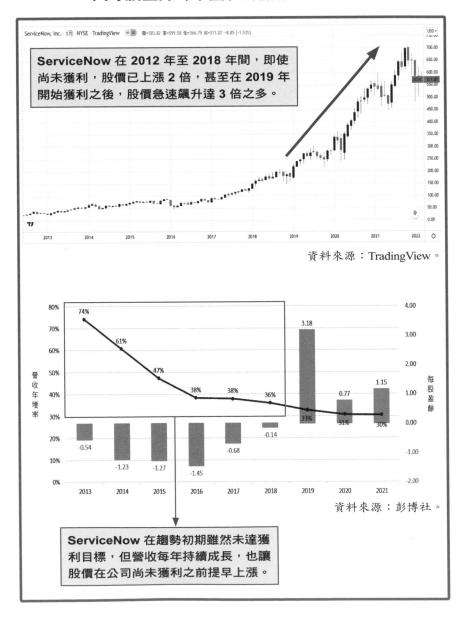

資料來源：TradingView。

資料來源：彭博社。

市場上僧多粥少，那就不是「好的趨勢」。好的趨勢有 3 個條件，分別是進入門檻高、潛在市場大及正在發生中。

　　進入門檻高是指，需具備一定技術或規模才能進入產業發展，這也能讓既得利益者獨享趨勢，不會因為競爭而壓縮利潤。例如新進入者即使買相同機器、找相同背景的員工，也無法開發出相同產品，還必須累積技術能量、培養公司文化才行。像是半導體就屬於進入門檻極高的產業，過去晶片大小不斷微縮，迫使技術無法突破的廠商陸續退出，最終形成台積電（2330）、三星（韓股代號 005930）、英特爾（INTC）三強鼎立，共享高階晶片的市場。

　　另外，若是趨勢的潛在市場夠大，贏勢股也能不斷成長，例如各行各業都需要雲端服務，市場就能持續擴大；若趨勢的生命週期太短，贏勢股能享受到的成長紅利也有限。最後，趨勢要正在發生中，才不會有過高的時間成本。如果趨勢太遙遠，等待時間過長，投資的效率也會降低，例如太空旅遊若是要等 15 年後才會成為趨勢，現在投資可能要等 10 年以上才會發酵，倒不如找其他更快發生的趨勢來投資，效益更好。

當趨勢達到滿足，贏勢股也會汰弱留強

　　趨勢能帶動贏勢股上漲，但當趨勢的成長到了盡頭，贏勢股也會面臨汰弱留強，智慧型手機就是很好的例子。

　　2007 年全球智慧型手機成長超過 70％，蘋果（AAPL）、

三星（005930）、宏達電（2498）是最大受惠股，股價同時創高，但 2010 年後，智慧型手機成長只剩不到 10％，甚至在 2016 年時出現衰退。當趨勢達到滿足，競爭力低的贏勢股就得被除名，宏達電（2498）因為無法接軌其他新趨勢，也只能淪為輸家（見圖表 3-4）。反之，蘋果（AAPL）除了受惠於手機趨勢之外，更是 App 趨勢的贏家，也讓成長不斷延續，股價不斷創高（見圖表 3-5、圖表 3-6）。

圖表 3-4　宏達電（2498）股價圖

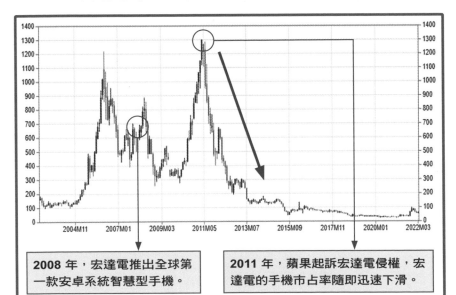

2008 年，宏達電推出全球第一款安卓系統智慧型手機。

2011 年，蘋果起訴宏達電侵權，宏達電的手機市占率隨即迅速下滑。

資料來源：台灣股市資訊網。

圖表 3-5　蘋果（AAPL）股價圖

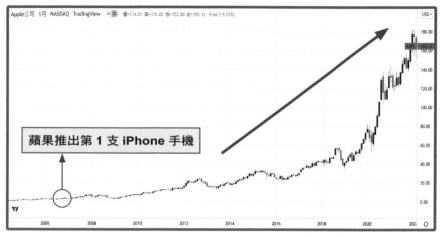

資料來源：TradingView。

圖表 3-6　iPhone 銷售量與 App Store 供下載之 App 數量趨勢圖

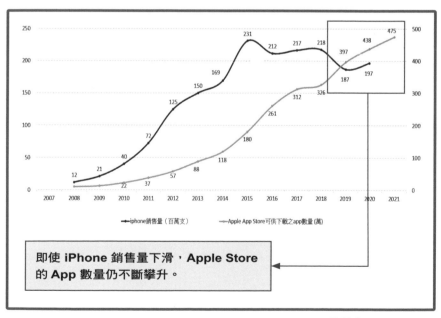

資料來源：Statista。

隱者說：贏勢股回測

我過去曾以贏勢股的選股概念做過一個回測，看看這個贏勢股的投資策略，在過去時空是否也適用。如果從標準普爾 500（SPX）裡面選出贏勢股，最後績效能夠擊敗標準普爾 500（SPX），就證明贏勢股對投資是有效的。

這個回測方式包括 4 個步驟：

1. 依照第 61～65 頁的贏勢股條件，設定每個條件的權重，再從標準普爾 500（SPX）中篩選出符合條件的個股，並且依照權重算出得分。

2. 取出分數前 20 高的個股，以各 5% 的等比重作為投資組合，並持有一個月，統計績效。

3. 每個月重新計算得分，篩選出新的前 20 支個股。

4. 以步驟 1～3，從 2006 年 1 月累積至 2017 年 5 月，共 137 個月實測的投資報酬率，最後與標準普爾 500（SPX）比較績效，看贏勢股能否勝出。

因每個月都會重新篩選個股，有不少贏勢股多次被選中，包括：金百利克拉克（Kimberly-Clark，美股代號 KMB）、AT&T（美股代號 T）、嬌生（Johnson & Johnson，美股代號 JNJ）、威訊通訊（Verizon Communi-cations，美股代號 VZ）、家得寶（美國家飾裝材零售商，

The Home Depot，美股代號 HD）、英特爾（INTC）、微軟
（MSFT）、思科系統（Cisco，美股代號 CSCO，港股代號
4333）、蘋果（AAPL）等。

　　回測的結果是，在沒有任何人為介入下，贏勢股投資
組合即使經過 2008 年金融海嘯，137 個月的累積報酬率是
277%，遠高於標準普爾 500（SPX）的 146%。

圖表 3-7　贏勢股投資組合與標準普爾 500 績效比較

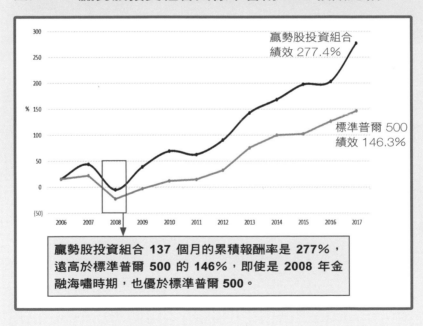

本節重點 ●────────────────────────────────●

1. 用個股的營收、毛利率等財務數字來分析趨勢時，必須用預估未來的數字，因為歷史無法完全反映未來。

2. 太遙遠或即將結束的，都不是值得投資的好趨勢。

3

成長是趨勢的營養素，
別忽視最佳賞味期

金礦地圖

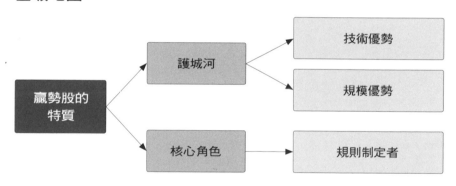

　　贏勢股，是受惠於趨勢的贏家，而趨勢的好壞，決定成長空間有多大，也決定產業進入門檻有多高。成長就像是趨勢的營養成分，而進入門檻決定趨勢的保存期限。

　　投資贏勢股的方式，是把握趨勢成型之際買進，在趨勢達到滿足點前賣出。一旦找出好的趨勢後，也能從 2 個特質找出贏勢股來投資，分別是護城河與核心角色。

護城河：外敵難以攻破的堡壘

趨勢股是長期賽道，如果沒有足夠的競爭力，總有一天會被淘汰。護城河是指公司所建立的進入障礙，往往由 2 種方式形成，一個是技術優勢，另一個是規模優勢。

例如半導體製程到了量產 7nm 以下的晶片，就需要使用 EUV（極紫外光微影技術）設備，而目前全球唯一的供應商是艾司摩爾（ASML Holding N.V.，荷蘭半導體裝置製造商，美股及歐股代號 ASML），而艾司摩爾研發相關技術已經超過 30 年，且仍在持續進行中，因此無人可及，這就是技術優勢。

另外，創建社群平臺的門檻並不高，但只要能優先切入，就能及早擴大規模、築起護城河，讓後進者要花更高的代價才能參與，這就是規模優勢。例如臉書（美股代號 FB）是社群平臺的先行者之一，並且適時擴大版圖，目前已是全球最大的社群帝國，包含 Facebook、Instagram 與 WhatsApp，累積用戶數超過 30 億人，從規模優勢再試圖提升用戶黏著度，將其他競爭對手拒於門外。

核心角色：決定趨勢的關鍵催化劑

核心角色是指公司在產業鏈上的地位無可取代，若少了**核心角色，趨勢就可能延後發生，或是不會發生**。核心角色在趨勢中往往有較高的含金量，也就是，無論是與趨勢相關的營收比重，或是產品利潤，都高出產業平均，只要趨勢存在，核心角色就能

受惠最多。例如蘋果（AAPL）就是發展智慧型手機趨勢的核心角色，若蘋果沒有在 2007 年推出第 1 支 iPhone，現在不只是智慧型手機，可能連 5G、物聯網、App 都難以成型。而蘋果手機的利潤更是令人瞠目結舌，2021 年第 2 季 iPhone 出貨市占率僅 13％，卻囊括全球 75％ 的獲利。

　　台積電（2330）是全球科技進步的核心角色，若沒有台積電不斷開發更多先進製程，蘋果（AAPL）、Nvidia（NVDA）、超微半導體（AMD，美股代號 AMD）、高通（QCOM）、聯發科（2454）就難以實現新一代的產品，許多科技的構想，可能還得停留在設計圖中。而台積電 100％ 營收都是晶圓代工，並且有廠房、有設備，但毛利率卻超過 50％，甚至高於沒廠房、沒設備的 IC 設計公司。

　　核心角色通常有個特點，就是市場會出現以它為首的概念股族群，例如蘋果概念股、特斯拉概念股、台積電概念股等。若**看好某個趨勢，直接買核心角色，會比買周邊的概念股更安心**，因為核心角色才是規則制定者，決定誰能成為它的概念股。

8 檔海內外股市中的贏勢股

　　台股中最具代表的贏勢股即為台積電（2330），另外上銀（2049）、嘉澤（3533）、元太（8069）、力旺（3529）等，都是我過去研究產業時接觸過的贏勢股。當知道如何找出贏勢股後，我建議能以全球的角度來找贏勢股，台股雖然有贏勢股，但

許多也是扮演代工、提供零組件的角色，仍有被替代的風險。

投資美股的好處，在於美股是全球一流公司的匯集之地，例如美國企業的蘋果（AAPL）、特斯拉（TSLA）、Netflix（NFLX）、谷歌（GOOG）、直覺手術 （Intuitive Surgical，醫療設備公司，美股代號 ISRG）、微軟（MSFT）、萬事達卡公司（Mastercard Incorporated，美股代號 MA）、Illumina（生物科技公司，美股代號 ILMN）；加拿大企業 Snowflake（數據倉儲公司，美股代號 SNOW）；荷蘭企業艾司摩爾（ASML）；義大利企業法拉利（Ferrari，美股代號 RACE）；日本企業索尼（SONY）等。

下列是我過去較熟悉的贏勢股例子：

上銀科技

上銀（2049）是我曾經很喜歡的贏勢股，由於老年化、少子化與人力成本上漲，2014 年至 2016 年全球工業機器人銷量平均年成長 20%，到了 2017 年成長加速至 32%。而上銀的產品與自動化直接相關，三大產品為滾珠螺桿、線性滑軌與機器人，並且為全球前 3 大廠商，因此受惠於自動化趨勢，股價從 2010 年 25 元漲到 2022 年最高 436 元，漲幅高達 17 倍，但也在中美貿易戰與 COVID-19 的影響下，成長大幅放緩。就目前而言，由於產品的進入門檻相對不高，因此當越多競爭對手出現後，享受趨勢的紅利也就逐漸減少，壓縮了未來的投資機會（見圖表 3-8）。

圖表 3-8　上銀（2049）股價圖

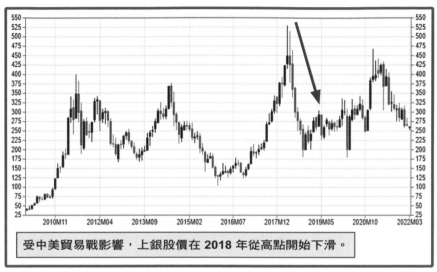

受中美貿易戰影響，上銀股價在 2018 年從高點開始下滑。

資料來源：台灣股市資訊網。

元太科技

元太（8069）的產品是電子紙，一開始受惠於電子書趨勢，成為電子書亞馬遜 Kindle 的全球最大供應商，在電子書市場飽和後，又受惠於電子標籤（ESL）趨勢，電子標籤需求來自零售通路，能提升效率，並減少人力。

元太在全球電子紙市占超過 90％，是少數同樣技術卻受惠於不同應用趨勢的贏勢股，另外 COVID-19 疫情帶動遠距教學、線上學習，電子紙導入數位教育，目前趨勢未見減緩，股價從 2006 年 15 元漲到 2022 年 153 元，漲幅 10 倍（見第 140 頁圖表 3-9）。

圖表 3-9　元太（8069）股價圖

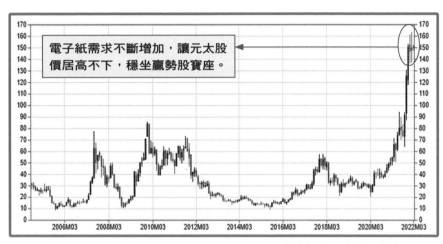

電子紙需求不斷增加，讓元太股價居高不下，穩坐贏勢股寶座。

資料來源：台灣股市資訊網。

嘉澤端子工業

　　嘉澤（3533）是全球第二大的 Socket（插座）廠商，並在 CPU Socket 市占率高達 33％，客戶包含全球前兩大 CPU 廠商英特爾和 AMD。受惠於雲端服務趨勢，伺服器需求量提升、CPU 升級，CPU Socket 產品的需求不斷成長，加上 Type-C 的應用普及，帶動嘉澤成長。嘉澤股價從 2009 年低點 20 元，上漲至 2022 年 761 元，漲幅高達 38 倍。由於雲端服務趨勢的未來空間仍大，加上嘉澤又占據要角，也讓市場分析師依舊維持樂觀（見圖表 3-10）。

圖表 3-10　嘉澤（3533）股價圖

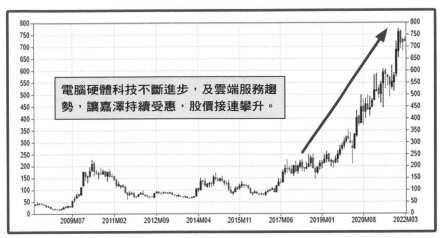

電腦硬體科技不斷進步，及雲端服務趨勢，讓嘉澤持續受惠，股價接連攀升。

資料來源：台灣股市資訊網。

力旺電子

力旺（3529）為矽智財廠商，提供 IC 設計廠商 IP 技術授權服務，並且邏輯製程非揮發性記憶體（Logic-Based NVM）矽智財累計超過 4,000 項設計授權，市占全球第一。

設計晶片會用到不同 IP 去排列組合，像是堆積木，有不同形狀及功能的積木，有些是 IC 設計公司自己研發，有些則是從 IP 公司授權。矽智財受惠 2 個趨勢，其一是晶片升級趨勢，IC 設計為了節省設計成本，與加速產品上市，使得授權 IP 的需求增加。另一個是物聯網趨勢，當多數電子產品都能連上雲端使用，市場就需要更多元的 IC 設計，相對提升授權 IP 的需求。就目前而言，物聯網趨勢才正要起步，因此我認為相關贏勢股仍後

勢可期。力旺股價從 2013 年 65 元上漲至 2021 年 2,500 元，漲
幅高達 38 倍（見圖表 3-11）。

圖表 3-11　力旺（3529）股價圖

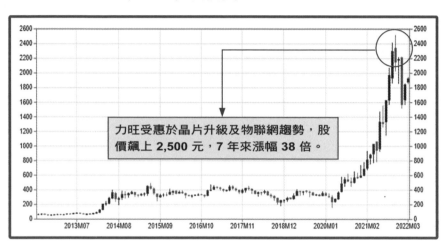

力旺受惠於晶片升級及物聯網趨勢，股
價飆上 2,500 元，7 年來漲幅 38 倍。

資料來源：台灣股市資訊網。

Adobe

　　Adobe（美股代號 ADBE）是美國一家跨國電腦軟體公司，
我過去曾為了研究數位簽章平臺供應商而登門拜訪 Adobe，但
拜訪後看到了 Adobe 更全面的競爭力。它除了是全球第二大
的數位簽章平臺，也是最大的多媒體處理軟體，在繪圖產品有
Photoshop、製片產品有 Premiere、電子文件產品有 PDF 等，也是
全球第三大雲端軟體廠商，市占率 10%，僅次於微軟（MSFT）
的 17%，與賽富時（Salesforce，美國客製化軟體服務商，美股

代號 CRM）的 11％。

　　Adobe 受惠數位內容趨勢，主要成長動力有二，一個是自媒體，也就是個人透過網路平臺創造內容，吸引觀眾，網紅就是自媒體的主要產物；另一個則是 OTT（Over-the-top media services，過頂內容服務，一種透過網際網路直接提供觀眾的串流媒體服務）趨勢，由於網路普及，傳統電視遭到 OTT 的取代，並且 OTT 平臺如 Netflix、Disney+、HBO max 等為了提升競爭力，也不斷創作自有內容，是目前正熱的趨勢。自媒體與 OTT 帶動多媒體處理需求，也讓 Adobe 股價從 2010 年 26 美元上漲到 2022 年 495 美元，漲幅約 20 倍（見圖表 3-12）。

圖表 3-12　Adobe（ADBE）股價圖

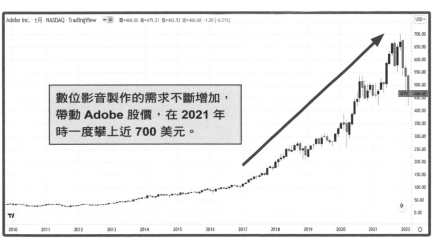

資料來源：TradingView。

FactSet Research

　　FactSet（美股代號 FDS）是美國金融資訊平臺，提供全球經濟、金融市場、個股等資訊。中產階級崛起，我認為投資的需求會越來越多，而被動式投資也會是未來趨勢，除了能降低投資門檻，也能分散風險。在一次拜訪全球最大指數型 ETF 公司安碩（iShares）後，才發現原來 FactSet（FDS）也是核心角色。

　　指數型 ETF 的種類很多，有追蹤產業、地區、大盤指數的，也有追蹤投資概念的，例如綠能、數位化、老年化、線上支付等。這些概念的追蹤，需要 FactSet 找出成分股，並且再授權給指數型 ETF 發行公司追蹤，因此 Factset 也能從中獲利。另外，大數據的時代下，為了即時反映市場，投資也會更重視

圖表 3-13　FactSet（FDS）股價圖

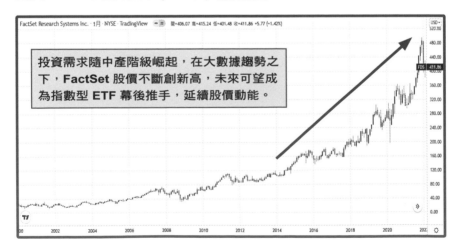

資料來源：TradingView。

資料庫，FactSet 的訂閱用戶也能持續增加，在各項發展之下，FactSet 股價也在 1999 年至 2022 年，上漲約 26 倍。（見圖表 3-13）

直覺手術

　　直覺手術（ISRG）是全球最大的手術機器人廠商，受惠精準醫療趨勢，2016 年到 2020 年，手術機器人產業每年平均成長 23％。我很喜歡直覺手術（ISRG），也曾到矽谷拜訪，並體驗過操作達文西機器人，控制機器人雙手夾起錢幣放到特定位置，再用自己的手做同樣的事，比較難易度，發現操控手術機器人比控制自己的手容易得多，讓我了解，手術機器人能讓手術更順

圖表 3-14　直覺手術（ISRG）股價圖

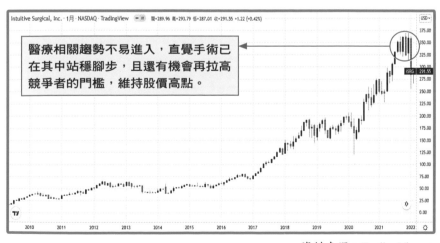

資料來源：TradingView。

利、精準，不會因為執刀者的微小顫抖而影響手術品質。

　　手術機器人的門檻很高，且與醫療相關往往受到政府嚴格監管，因此新業者不容易進入領域。直覺手術（ISRG）全球市占率約 70％，透過累積更多成功手術案例，能再拉高進入門檻，因為醫療糾紛是醫院不樂見的情況，採用市面上成功案例最多、品牌最好的手術機器人，相對而言也有更多保障（見第 145 頁圖表 3-14）。

基恩斯 Keyence

　　基恩斯（Keyence，日股代號 6861）是我最喜歡的日股贏勢股，沒有之一。它是全球最大感測器廠商，包含機器視覺、測量儀等，最簡單的產品例子，是能用肉眼看不清的速度，將一排晶片依照流水線快速掃描檢查是否有缺陷，這個功能可以應用在生產線、工廠自動化、機器人等。

　　基恩斯（6861）受惠自動化趨勢，也受惠於精密製造趨勢，隨著電子產品、半導體產品更精密，製程難以僅用肉眼就能檢測，也讓基恩斯（6861）的產品相形重要。

　　基恩斯（6861）也是日本薪水最高的企業，最特別的是，公司只有研發及業務人員，沒有生產人員，採取輕資產營運模式，將生產流程完全外包，讓資金更有彈性，也讓研發部門能更快設計出新產品，業務能加深與客戶合作，在各方推動之下，基恩斯（6861）股價從 2012 年 4,200 日圓，上漲到 2022 年 60,360 日

圓，漲幅高達 13 倍之多（見圖表 3-15）。

進入門檻決定贏勢股的保存期限

　　贏勢股的保存期限由進入門檻決定，有個很好的例子：Zoom（美股代號 ZM）是全球最大的視訊軟體平臺，2019 年乘著遠距辦公的題材風光掛牌，當時許多外資投資首選就是Zoom。COVID-19 疫情爆發後，Zoom 更迎向美好時光，居家辦公需求爆發，股價一年內大漲 9 倍，但也讓其他競爭大廠嗅到商機，微軟與思科系統分別投入更多資源，在既有的視訊軟體產品Teams 以及 Webex 上。由於視訊軟體的進入門檻相對低，Zoom無法阻止同業的攻城掠地，隨即從高點跌落。

圖表 3-15　基恩斯（6861）股價圖

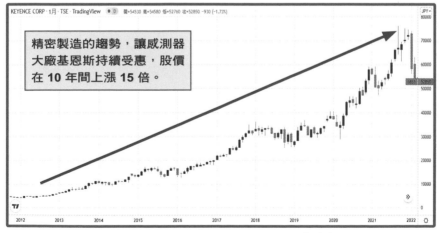

資料來源：TradingView。

　　微軟的 Teams 在疫情期間發展用戶暴增，用戶數從疫情前約
2,000 萬人，兩個月後疫情爆發時累積到 7,500 萬人，更在 1 年後
增加到 1.45 億人，積極切入視訊軟體市場之下，讓 Zoom（ZM）
股價在 1 年之間跌幅超過 50％。因此，成長很重要，進入門檻
其實是贏勢股的保存期限（見圖表 3-16）。

圖表 3-16　Zoom（ZM）股價圖

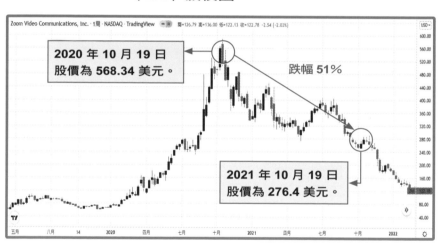

資料來源：TradingView。

贏勢股未必是與生俱來

　　公司沿革是一家公司的基因，決定在**趨勢發展**中的優勢，但
也未必所有贏勢股都是與生俱來的。現在看 Netflix（NFLX），
毫無疑問是影視串流趨勢的贏勢股，但在此之前，它的營運也有
過幾次挑戰。

Netflix（NFLX）在 1987 年創立，以 DVD 租借業務起家，與當時最大的錄影帶出租連鎖業者百視達（Blockbuster LLC）不同，Netflix（NFLX）不把成本花在實體店面，而是提早看到網路普及的趨勢，在電影出租產業崩塌前，成功轉型為最大的線上影集串流平臺。

但故事還沒結束。2011 年後，Netflix（NFLX）又面臨了另一個挑戰，當時取得迪士尼、SONY 內容授權的 Starz 電視臺（美國有線付費電視頻道），宣布停止與 Netflix（NFLX）的合作，這一舉讓 Netflix（NFLX）股價從高點 42 美元，在半年內跌至 9 美元，跌幅近 80%。

2013 年後，Netflix（NFLX）的發展邁進新的里程，推出原創自製影集《紙牌屋》（*House of Cards*），吸引許多新用戶訂閱，而後也花費更多資金投入自製內容，並且在 2021 年艾美獎獲得了 73 項大獎，遠超過第 2 名 HBO（Home Box Office）的 19 項大獎，也讓股價從 2011 年 9 美元，扶搖而上至 2021 年最高 700 美元，漲幅超過 70 倍。由此可見，危機若處理得當，短期波動也只是歷史洪流的小插曲（見第 150 頁圖表 3-17）。

贏勢股中的珍貴品種

找到贏勢股後，若能發現它具備特定的營運特質，那就像是找到贏勢股中的珍貴品種，可遇不可求：

圖表 3-17　Netflix（NFLX）股價圖

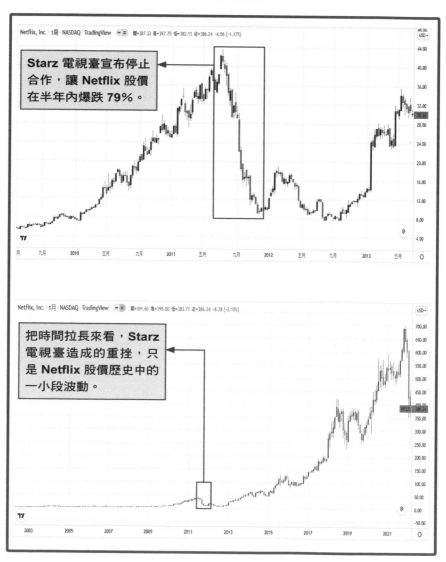

資料來源：TradingView。

隱形冠軍：一流客戶，二流知名度，股價會證明身價

　　隱形冠軍是指擁有很好的技術，但卻很少曝光，大多是明星產品背後的重要零組件。隱形冠軍通常有一流的客戶，有大客戶下單，等於幫競爭力背書，因為一流客戶下單前做過的功課肯定高於我們，並且也比我們內行。隱形公司也因為一開始乏人問津，相對具有投資機會，等市場都被挖掘無法隱形後，股價往往就一飛沖天，因此，隱形冠軍也是贏勢股的股價甜蜜期。大立光（3008）曾經是隱形冠軍，提供手機鏡頭給全球一流的手機品牌，並且當過股王，但後來因為面臨後進者的挑戰，與鏡頭市場成長趨緩，股價開始走跌。

軍火商：不管戰爭誰贏，口袋賺滿金銀

　　無論戰爭誰贏，只要發生戰爭，軍火商都是贏家，就好比掏金熱潮，進去淘金的不一定能賺錢，但賣鏟子的肯定賺不少。軍火商具有較高的技術，供應給下游廠商，而下游往往是高速成長的市場，台積電（2330）是很好的例子，它為一流 IC 設計廠商提供軍火，無論是 Nvidia（NVDA）、AMD（AMD）、高通（QCOM）、聯發科（2454）誰贏，台積電都能隔山觀虎鬥，名利雙收。

訂閱模式：轉換成本像樹根，扎根後就難以拔除

　　訂閱模式也是會員制，會員定期定額付錢給公司，最常出

現在軟體股，例如微軟（MSFT）有 Office 360，而 Salesforce（CRM）有 CRM 系統等。當訂閱後，用戶往往能夠有客製化的服務，可以將資料放在雲端空間，或是把作業流程建立於系統內，黏著度會提高，但同時轉換成本也會拉升，因此往往最後只能選擇「被綁架」。非軟體股的會員制，最成功就屬好市多（Costco，美股代號 COST），而成功要素之一，在於揀選品項的能力，能讓會員不斷從口袋掏錢出來。

鱷魚眼淚：公平競爭的表象，壟斷市場的真相

壟斷市場的個股，成長往往能延續更久，但也容易受到反壟斷的制裁，因此流下鱷魚眼淚也是必要的。例如，蘋果（AAPL）的 App Store 全球市占率超過 80％，營運模式是蘋果（AAPL）能從付費 App 抽取 30％ 的利潤，如此肥水卻難以落外人田，是因為 iOS 為封閉式系統，要使用 App，只能從 iPhone 下載。因此，當公平委員會質疑壟斷時，蘋果（AAPL）就能含淚喊冤：這是用戶選擇的結果，不是蘋果逼他們使用的。蘋果的答覆是事實，但也是塑造的表象，旁人也只能束手無策。

另一個例子是艾司摩爾（ASML），它是 EUV 光刻機的壟斷者，晶圓廠一旦製程低於 7nm，就有 EUV 光刻機的需求，艾司摩爾（ASML）是唯一設備供應商，這種壟斷的方式是技術門檻過高的結果，因此艾司摩爾（ASML）也會說：「壟斷真的是因為市場沒有對手，不是我刻意造成。」

　　研究贏勢股的營運模式，也是判斷個股能成長多久的重要依據，只要營運模式能複製獲利，也能延續成長動能，就都是可多留意的營運模式。

本節重點

1. 公司擁有競爭優勢，或是身為趨勢中的規則制定者，是鞏固贏勢股地位的兩大要素。
2. 進入門檻是贏勢股的保存期限，若是趨勢的門檻太低，一旦競爭者進入趨勢中，原本的贏勢股即會輕易被拉下寶座。

4

看似無為而治，
實則順勢而為

　　如果還沒有能力選出贏勢股，也不要緊，日子很長，投資能力原本就需要時間累積。不會選股的人，可以借助指數型 ETF 的幫助，只要能觀察到趨勢，就有辦法投資賺錢。對於會選股的人，更可以把它當作過濾器，從趨勢型的指數型 ETF 成分股找出贏勢股，投資回報也可能勝過指數型 ETF。

　　指數型 ETF 是被動投資一籃子的股票，看似無為而治，但如果能選到對的趨勢型指數型 ETF，那其實就是順勢而為。例如看好雲端服務趨勢，可以選擇 First Trust 雲端運算 ETF（First Trust Cloud Computing ETF，美股代號 SKYY）；看好再生能源趨勢，可以選擇 First Trust 那斯達克 Clean Edge 清潔綠能指數 ETF（First Trust Nasdaq Clean Edge Green Energy Index Fund，美股代號 QCLN）；或是看好半導體趨勢，可以選擇 VanEck 半導體 ETF（VanEck Semiconductor ETF，美股代號 SMH）。

　　長期而言，選擇正確的趨勢，投資指數型 ETF 的報酬率也

可能會比大盤好，例如從 2017 年以來，First Trust 雲端運算 ETF
（SKYY）股價上漲 147％、First Trust 那斯達克 Clean Edge 清
潔綠能指數 ETF（QCLN）股價上漲 263％、VanEck 半導體 ETF
（SMH）股價上漲 272％，皆優於同期間標準普爾 500（SPX）
的上漲 91％（見第 156 頁圖表 3-18，第 157 頁圖表 3-19、
3-20）。

那斯達克指數是贏勢股的懶人投資術

　　**若還沒有能力選股及判斷趨勢，美股的指數型 ETF 是很好
的選擇，因為成分股中也包含贏勢股。**美股不僅代表美國公司，
也聚集全世界最好的公司，因為華爾街是全球最大的資金集散
地，好公司會慕名而來，像是臺灣的台積電（2330）、香港的騰

🌐💲 投資小百科／指數型 ETF

　　指數型 ETF（Exchange Traded Fund）是指將指數證券
化，買進指數型 ETF 就等於買了一籃子的股票，會按照成
分股的比重，買到相對應的股票張數，並且定期調整。例如
Invesco 那斯達克 100 指數 ETF（美股代號 QQQ）就是追蹤
那斯達克的指數型 ETF；而元大台灣 50（0050）是追蹤臺
灣加權指數市值前 50 大股票的指數型 ETF。

圖表 3-18　First Trust 雲端運算 ETF（SKYY）與標準普爾 500（SPX）績效比較

從 2017 年以來，**First Trust 雲端運算 ETF** 股價上漲 147%，大幅優於標準普爾 500 的上漲 91%。

資料來源：TradingView。

訊（0700）、韓國的三星（005930），在美國都有發行存託憑證 ADR（American Depositary Receipt）。

　　美股三大指數分別是道瓊指數、標準普爾 500、那斯達克，其中我較不建議選擇道瓊指數的指數型 ETF，有兩個原因，一是道瓊指數的成分股只有 30 檔，且偏重傳統產業，沒有合理反映美股的產業配置；另一個更重要的原因，是它以價格加權平均來編製指數，而不是用市值加權平均，也就是股價越低、權重越低。這個狀況之所以嚴重，在於像蘋果（AAPL）這樣的贏勢股，卻因為拆分股票，1 股拆分成 4 股，導致權重降低，這樣反而會低估一家好公司在指數中該有的分量。

圖表 3-19　First Trust 那斯達克 Clean Edge 清潔綠能指數 ETF（QCLN）與標準普爾 500（SPX）績效比較

資料來源：TradingView。

圖表 3-20　VanEck 半導體 ETF（SMH）與標準普爾 500（SPX）績效比較

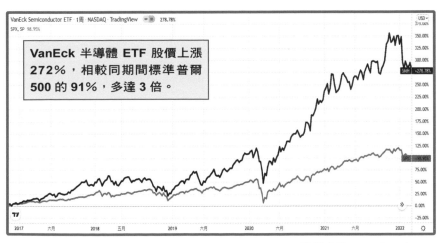

資料來源：TradingView。

　　相對而言，**標準普爾 500 成分股**的產業配置更為均衡，因為是從各行各業選出具有代表性的龍頭，如果是**風險承受度較低的長線投資人，可以考慮標準普爾 500 的指數型 ETF**，例如 SPDR 標普 500 指數 ETF（美股代號 SPY）。而那斯達克則是代表科技股的指數，成分股中很多都是創造科技新趨勢的公司，例如成分股前 5 名的蘋果（AAPL）、微軟（MSFT）、亞馬遜（AMZN）、特斯拉（TSLA）、Google（GOOG）等。

　　科技變革，是產生趨勢的原因之一，而**那斯達克是篩選科技股而成的指數**，因此，選擇 Invesco 那斯達克 100 指數 ETF（QQQ），是投資贏勢股最簡單的方式。並且，指數型 ETF 不用擔心成分股會落入夕陽產業，因為只要是指數型 ETF，成分股都會定期汰舊換新，只是要注意，那斯達克的成分股中，科技股比例較高，指數波動也會比標準普爾 500 及道瓊指數更大，當遇到股市修正時，下跌風險也更多。若以過去 10 年來看，那斯達

🌐💲 投資小百科／存託憑證

　　存託憑證（Depositary Receipt，簡稱 DR）是指企業要在國外上市發行股票，必須透過國外的存託機構，以當地幣值計價發行。非美國企業要在美國上市，必須透過美國存託憑證，就稱為 ADR（American Depositary Receipt）。

克指數年化報酬率為 19.7％，高於標準普爾 500 的 10.2％，而道瓊指數僅 6.6％ 最低（見圖表 3-21、3-22）。

圖表 3-21　美國 3 大指數的長期走勢

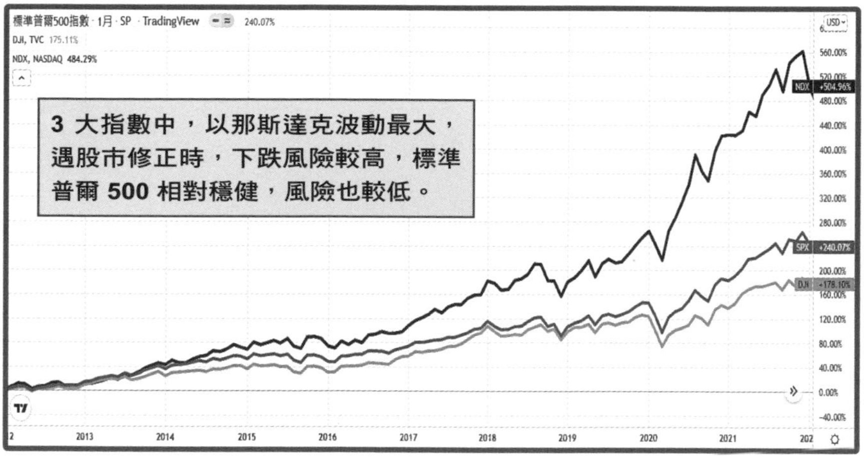

註：黑色曲線為那斯達克，深灰曲線為標準普爾 500，淺灰曲線為道瓊指數。

資料來源：TradingView。

圖表 3-22　美國 3 大指數的報酬率

指數	累積報酬率	年化報酬率
那斯達克	505%	19.7%
標準普爾 500	240%	10.2%
道瓊指數	178%	6.6%

註：2012 年 1 月 1 日至 2021 年 12 月 31 日資料。

本節重點

1. 還沒有能力選股或判斷趨勢的人，美股的指數型 ETF 是很好的選擇，因為成分股中包含贏勢股。

2. 那斯達克是篩選科技股而成的指數，Invesco 那斯達克 100 指數 ETF（QQQ）是投資贏勢股最簡單的方式。

第 **4** 章

好的投資是：
好股票買在好價位

——股票值多少？不是憑你感覺和他人消息而定。

1

目標價沒有絕對標準，
唯一原則是市場認同

金礦地圖

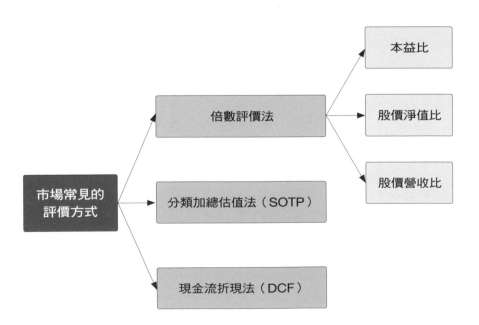

　　買菜會知道菜價，買股票當然也要知道目標價。目標價，是基本面分析算出來的最後結果，也就是股價漲多少該獲利賣出。計算股票目標價稱為評價方式。股票值多少錢，沒有絕對答案，也有不同方法，唯一的標準就是，當市場多數人認同的，那就是適合的目標價。

主流算法有 3 種，適合不同類型股票

　　本益比法、股價淨值比法、股價營收比法，是目前最常看到的評價方式，算法分別如下：

> 股價淨值比法：目標價＝每股淨值×股價淨值比
> 股價營收比法：目標價＝每股營收×股價營收比
> 本益比法：目標價＝每股盈餘×本益比

　　這 3 種方式都是用一個財務數字，乘上一個評價倍數後得出目標價，其中的每股淨值、每股營收、每股盈餘是財務數字，本益比、股價淨值比（Price-Book Ratio，簡稱 PB ratio）、股價營收比（Price-to-Sales Ratio，簡稱 PS ratio）就是評價倍數。

　　這 3 種方式適合不同股票，**本益比法適用於產業成熟，業務營運成長的個股**，但不適用於虧損的公司，或是有一次性認列而大幅影響財報的個股，例如匯兌收益、處分資產等。適用本益比

法的個股有蘋果（AAPL）、高通（QCOM）、微軟（MSFT）、大立光（3008）、鴻海（2317）、統一超（2912）、美利達（9914）等。

股價淨值比法適用於景氣循環股，這些公司獲利波動大，且在營運谷底時可能會出現虧損，例如塑化股、水泥股、造紙股、鋼鐵股等。另外也適用於獲利成長有限，但公司資產價值極高的個股，例如金融股、營建股，或擁有極大土地價值的公司，例如南港（2101）、大同（2371）、台肥（1722）等。

股價營收比法適用於新創產業的個股，由於產業剛起步，因此公司營收快速成長，不受景氣循環影響，但大多是虧損公司。但即使如此，市場看到股票的成長潛力，也預期未來轉虧為盈後獲利能爆發，因此願意以營收來衡量一家虧損公司的投資機會。例如 Airbnb（美股代號 ABNB）、Unity Software（美國遊戲軟體開發公司，美股代號 U）、Snowflake（SNOW）等美股，而這類型台股較少。但要注意的是，如果個股一味追求營收成長，滿足市場的預期，卻不斷讓虧損擴大、獲利率下降，讓轉虧為盈的時間一拖再拖，表面上壯大自己，但實質不斷侵蝕內在，那就要小心成為投資陷阱。

算法不是永久不變，台積電就改變過

上述各種評價方式的適用性只是大概方向，仍可能出現例外，甚至同一檔個股的評價方式也可能會改變，雖然比較少見。

投資小百科／股價淨值比、股價營收比、本益比

● **股價淨值比**

是指股價與公司帳面價值之間的比例，股價淨值比高代表股票較貴，股價淨值低則表示股票較便宜。

● **股價營收比**

是指股價與每股年營收的比例，股價營收比高代表股票較貴，數值低則表示股票較便宜。

● **本益比**

是指股價與每股盈餘的比例，本益比高即表示股票偏貴，本益比低即是股票偏便宜。或者，也可以用另一種角度解釋，本益比像是以現在的股價買進後，每股盈餘需要累積多久時間能到現在的的股價。

例如本益比 10 倍，表示目前的股價是每股盈餘的 10 倍，也就是在其他條件不變之下，投資這支股票，10 年後每股盈餘的合計會達到現在的股價。相同的，本益比 20 倍，表示 20 年後每股盈餘的合計會達到現在的股價。

但要注意的是，雖然本益比 20 倍的回本時間，比本益比 10 倍還久，也表示股價比較貴，但不代表本益比 20 倍的股票就會賺得比較少。因為，每支股票有不同特質，也就會有不同價值，例如，籃球之神麥可·喬丹（Michael Jordan）的年薪雖高，但也幫球隊老闆賺了 10 倍獲利。

其中一個例子是 2020 年，市場估算台積電（2330）的目標價，就從股價淨值開始改用本益比。

原因在於，半導體是資本密集的產業，固定成本高，過去發展競爭激烈，獲利也隨著景氣循環而不同，因此使用股價淨值比來評價更為適合。但經過幾十年來產業整合，贏家開始寡占市場，競爭趨緩，加上新科技產生更多晶片需求，例如人工智慧、物聯網、雲端服務等，讓半導體個股獲利的波動變小，成長也更穩健。因此在 2020 年後，市場越來越多人以本益比取代股價淨值比，來評價台積電的目標價。

評價倍數也可能背道而馳，成為解釋股價的藉口

這 3 種評價方式的優點，在於同時考量到公司營運面（財務數字）與市場預期（評價倍數），更貼近現實。市場預期是股市中的最大變數，我們很難具體量化，因此，評價倍數就會有潤滑的功能。當出現無法用公司財務面解釋的大跌或大漲時，都可以用評價倍數來平衡，例如一支股票每股盈餘 10 元，市場目標價為 350 元，當基本面沒改變，但卻因為市場氣氛不佳，股價從 300 元跌到 180 元，此時就可以調低評價倍數，下修原本的目標價，例如降至 200 元。

不過凡事一體兩面，過度潤滑，就容易反過來變成，用評價倍數幫股價漲跌找藉口，例如「股價漲這麼多，是因為以前公司

隱者說：本益比法演練

　　假設一檔個股股價是 100 元，今年的每股盈餘是 10 元，當我們對基本面夠了解後，能預估明年每股盈餘成長 15%，那麼目標價該是多少，投資報酬率又是多少？

　　首先，推算明年的每股盈餘為 11.5 元（10＋10×15%＝11.5），再觀察這檔個股過去的本益比，發現大多介於 9～11 倍，且目前其他同業也約為 10 倍，由於這檔個股在產業中並沒有特殊地位，因此給予 10 倍的本益比倍數。最後透過公式算出目標價為 115 元（11.5×10＝115），也就是投資報酬率為 15%〔（115－100）÷100＝15%〕。

　　這個例子很單純，因為本益比倍數歷年的變化不大，也和同業差不多，如果其他同業都是 15～20 倍，那就可能是同業太貴，或這支股票太便宜，就需要其他資訊來判斷。

　　另外，即使是相同產業的個股，也會因為不同特質而有不同的合理倍數，例如市場給予台積電（2330）的倍數就會比聯電（2303）高，市場給予特斯拉（TSLA）的倍數就會比豐田（美股代號 TM）高，更不用說不同產業之間的評價倍數會有更大差異。因此找出合理的本益比倍數，像是一門藝術。

地位不穩固，只能用 10 倍本益比，現在是產業龍頭了，可以用 20 倍本益比來計算」等說詞，但這樣其實更像是看圖說故事。

即使如此，評價倍數能反映市場預期，這個優點仍遠大於缺點，因此也是目前主流的評價方式。

股價反映未來，目標價要用預估數字來算

估算目標價有一個很重要的觀念，就是要使用未來的預估數字，而不是過去已發生的數字。不少人習慣拿「過去」3～5 年的財務數字來做結論，但過去的數字已反映在過去股價，只有預估的未來數字才能影響未來的股價。我遇過不少人用看盤軟體的本益比去計算目標價，但軟體提供的本益比數字多半是用過去一年的每股盈餘去計算，而不是未來一年的每股盈餘，這樣討論出來的股價貴或便宜其實意義不大。

舉例而言，2018 年被動元件大漲初期，很多人看到國巨（2327）股價到 300 元，用前一年的每股盈餘來看本益比是 20 倍，遠高於過去的平均本益比 10 倍，因此結論覺得股價太貴。但當時看好國巨（2327）的法人，是用國巨（2327）未來一年的每股盈餘有機會達到 100 元來看，計算出來本益比只有 3 倍，而認定當時的股價偏低。事後證明當時股票真的很便宜，到 2018 年中時，股價漲到了突破 1,000 元，只是後來產業發生變化，股價再從 1,000 元跌下來，但那又是另外一個故事了。

公司業務差異過大時，
分類加總估值更貼近現實

分類加總估值法（Sum of the Parts Valuation，簡稱 SOTP）的評價方式，是指將一家公司的旗下事業拆分，以各自適合的評價方式分開計算價值後，再加總得出目標價，適合用於擁有多種業務或是大集團的個股。這個方法是考量，如果一家公司的業務差異大卻單用一種評價方式，可能也會失真。例如 SONY（6758）有影像感測晶片、電子產品、電影、遊戲等不同產品，每個事業的產業狀況都不同，若能分開評估，算出來的目標價也更貼近現實。

分類加總估值法的優點是看似價值計算得更精準，因為分開計算不同業務的價值，但有時候這也會成為缺點，因為當市場對於評價方式看法不同時，目標價的落差也會更大。

評價方式除了會因產業、公司特質而不同外，不同國家也會有差。例如在 2015 年到 2018 年時，同樣是互聯網、自動化、基礎建設等產業，中國企業就享有更高的倍數，因為當時市場看好中國經濟及產業的發展。但到了 2020 年之後，中國政府反而推出政策干涉產業發展，例如互聯網、教育、影視都出現限制令，因此市場又轉用更保守的倍數來看待。

隱者說：適合有穩定現金流的公司——現金流折現法

對於有穩定現金流、未來產業變化不大的價值股或定存股，例如電信股、金融股、公用事業股等，現金流折現法（Discounted Cash Flow，簡稱 DCF）是一個適合的評價方式。這個算法認為，股票的價值來自於未來能產生多少現金流，因為現金有時間價值，距離現在越遠的現金流也會越不值錢，因此需要一個折現率，將未來的所有現金流折合成目前價值後，加總起來，就能得到股價價值，也就是目標價。

假設 A 公司從現在起只營運 3 年就結束，每年能夠產生每股 10 元的現金，因此只要將未來 3 年分別收到的 10 元現金，按照產生的時間各自折現後，加總起來就能算出 A 公司的價值。若設定折現率為 2%，A 公司的目標價就會是 29.4 元，算法如下：

2022 年產生 10 元現金

2023 年產生 10 元現金，折現後為 9.8 元

〔10×（1－2%）＝9.8〕

2024 年產生 10 元現金，折現後為 9.6 元

〔10×（1－2%×2）＝9.6〕

目標價＝10＋9.8＋9.6＝29.4

現金流折現法的評價方式很直覺，但缺點是，未來現金流是以固定成長率預設出來的，但成長率其實會受經濟局勢、產業競爭等因素影響而隨時變化，並非不變的單一數字，使得計算出來的目標價也容易不切實際。此外，當出現利多或利空訊息時，股價會先有所變化，但現金流的算法是固定按折現率計算，就無法反映市場預期。

舉例而言，假設市場傳言統一超（2912）將取得亞洲星巴克的經營權，此時統一超（2912）的股價會先出現預期性的買盤而上漲，之後隨著話題發酵，還會再繼續變化，但因為事件還沒發生，所以現金流不會改變，也就表示現金流折現法不易即時反映市場的預期。

本節重點

1. 本益比法適用於產業成熟、業務營運成長的個股；股價淨值比法適用於景氣循環股；股價營收比法適用於新創產業的個股。

2. 目標價是未來的股價，要使用未來的預估數字計算，因為過去的數字已反映在過去的股價上，只有預估的未來數字才能影響未來的股價。

2

賣股是獲利或停損，
更可能是知足

金礦地圖

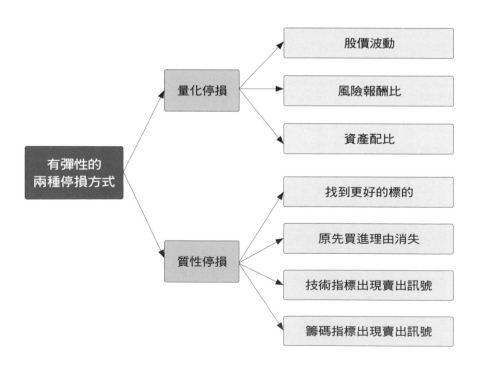

　　買股的目的都是為了賣股，但**賣股有兩種情況，一個是看賺多少錢要賣的目標價，另一個是看賠多少錢要賣的停損價**。目標價和停損價都是執行賣出，最大的不同在於，目標價是否合理要看市場共識，而停損價是否合理只要自己認同。

　　目標價是這樣，如果一檔個股的每股盈餘是 10 元，不能因為自己非常看好，就給 100 倍本益比，估算目標價為 1,000 元，若市場無法認同，目標價也只是空談，畢竟股價是由市場多數人決定。

　　但停損價不同，每個人能承受的虧損和資金需求都不一樣，設定的停損就會不同，沒有誰對誰錯，只要自己能接受，就是對的。如果一支股票賠 10%，是承受虧損風險的極限，那麼買進股價 10 元的股票，停損價就會設定在 9 元，如果其他人能忍受虧損 30%，那麼停損價就會設定在 7 元。至於哪個價格合理？都合理。

　　我常被問到要怎麼設定停損，其實很難給出標準答案，因為我不了解每個人的資金需求、風險偏好、心理抗壓程度等，只有自己才知道適合的停損價是多少。但無論停損價是多少，設定後就要嚴格執行，不能在股票大跌後，沒有理由的調低停損價，只為了不想面對賣出後的虧損，這麼做會讓投資陷入困境。

　　設定停損價時，盡量不要設定過低於成本的價格，因為小賠時，我們還能果斷停損，但虧損太多後，停損紀律就會變薄弱，覺得現在賣掉好像沒剩多少，不如不賣。停損最大的目的，在於

看錯個股時，能在還可承擔虧損的狀況下趕緊賣出，保留資金的火種。

　　停損是知易行難的事，要能面對自我，並要有重新開始的決心。設定停損最容易的方式，是設定一個虧損的百分比，例如虧損超過 10% 或 15% 就賣出，但這種方式的缺點是沒有彈性，建議可以運用另外兩種停損方式，量化停損及質性停損。

量化停損：
直接設定停損價，重點是滾動式調整

　　量化停損適合剛接觸股市的人，以量化方式設定停損價時，我會參考兩個變數，一個是股價波動，另一個是風險報酬比，除此之外，還有一個很特別的參考變數是資產配比。

1. 股價波動

　　在相同的停損幅度下，對於股價波動大的股票來說，可能更快就面臨停損點，而對波動小的股票卻很難碰到停損價格。舉例而言，投資中華電（2412），停損價設定為虧損 10%，由於中華電（2412）的股價波動很小，若真的跌到 10%，可能基本面早已出現重大變化，卻太晚停損，降低了資金的使用效率。但同樣是設定 10% 停損，像國巨（2327）、宏達電（2498）等波動較大的個股相對容易碰到，甚至可能股價還沒反映基本面，就因為市場的正常波動停損出場。

　　因此，若能考量到個股的股價波動，設定的停損價會更貼近現實，我喜歡用個股的風險係數 Beta 值或是 200 天的股價波動，和權值股相比之後設定停損價。風險係數表示單一個股股價對比大盤價格的波動，假設台積電（2330）的風險係數是 1.09，國巨（2327）是 1.74，那麼台積電（2330）的停損若是 10%，國巨（2327）就可以設定為 15.9%，因為國巨（2327）的風險係數是台積電（2330）的 1.59 倍，停損幅度也能設定為台積電（2330）的 1.59 倍。

2. 風險報酬比

　　這個停損概念是，報酬越高，風險也會越高，因此，潛在報酬率越高的個股，我也會願意容忍較大的虧損。依照個人風險承受度不同，我習慣使用一個公式，將停損價設定為預期報酬率的 1/3 幅度，假設買台積電（2330）預期報酬率 30%，停損就是虧損 10%，如果國巨（2327）預期報酬率 45%，停損就是 15%，以此類推。

　　但要注意的是，停損價盡量以滾動式來調整，而不是以一開始的買進成本設定之後，就固定不動。例如，假設國巨（2327）的股價從 100 元漲到 140 元，獲利 40%，還沒到預期報酬率的 45% 所以沒有賣出，此時停損價在滾動式調整後，應該是以目前股價 140 元虧損 15% 的 119 元（140×（1-15%）＝119）來計算，而不是買進成本 100 元計算的 85 元（100×（1-15%）＝85）。

因為若沒有調整，會等到股價跌回 85 元才停損，導致原本獲利沒有賣出，等到虧損才賣的窘境。

滾動式調整停損價還有個優點，以國巨（2327）的例子來看，雖然是停損在 15% 的 119 元，但以買進成本 100 元計算，實際上是獲利 19%〔（119－100）÷100＝19%〕。

3. 資產配比

這種停損方式，是在一次與《用心於不交易》的作者林茂昌先生聊過而得知。他是價值投資者，持股平均期間 5～10 年不等，甚至在挑到對的股票時，能不賣就不賣。

他將持股當作尋寶的船隊，只要競爭力沒下降，就不停損，長期持有。但若是一艘船壓太重，也可能因為沉船而損失慘重，因此，停損若能以資產配比的角度思考，那就可以依照每個人一次能承受的損失有多大，作為投資單一個股的比重上限，並且除非競爭力下降，否則不停損。也就是，假設我能承受資產一次虧損 10%，那麼投資一支個股的比重不能超過 10%，以免任何一艘船沉了，影響到之後的投資決策。這個停損方式的特別之處在於，前面的量化停損大多是用股價跌幅來判斷，而這個方式是以自己的資產損失多少來衡量。

質性停損：設定停損條件，然後嚴格執行

當累積較多投資經驗之後，就可以運用質性停損方法，概念

是，目標價和停損價都是在找賣出時機，那麼我們可以回過頭來思考，什麼條件下需要賣出。以這個角度來看停損，就不一定會有固定價格，而是看停損條件是否成立。對我而言，當出現下面4 個情況後會評估賣出：

1. 找到更好的標的

停利和停損的重要性不只是「落袋為安」或是「留得青山在」，更重要的是，提高資金的運用效率。最有效率的投資，是每一筆資金都能創造最大的獲利機會，像是滾雪球，當獲利坡道變緩，就換一條更陡的坡道繼續滾。

2. 原先買進理由消失

若因為基本面、局勢、產業前景等改變，導致原先買進的理由消失，即使還沒跌到設定的停損價，也要當機立斷直接賣出。

3. 技術指標出現賣出訊號

如果基本面沒改變，但股價卻一直跌，很有可能是發生了什麼重大訊息，只是市場尚未察覺，這時可以透過技術面判斷賣股時機。相同的，如果股價突然一直上漲，也能透過技術面找到獲利的賣股時機。

技術指標在不同情境條件下，會有不同的買賣訊號。我會參考成交量、K 線型態和均線這 3 種指標，例如當股價跳空上漲後

突然下跌,並回補跳空的缺口,往往是一個賣出訊號;或是股價到達盤整區間上緣,成交量爆量,價格卻無法突破新高,也可能是一個賣出訊號等。由於技術指標的訊號有很多種,所以也沒有絕對答案,還是要回到個人的使用經驗為主。

4. 籌碼指標出現賣出訊號

同樣是基本面不變,但股價一直跌的情況,也可以用籌碼面來判斷賣股時機。使用籌碼面時,我們能從盤後的券商分行買賣超,把過去買股時機最好的分行當作指標,當這些分行開始賣股時,就能評估是否要賣出。另外,如果看到內部人不停申報賣股,也要留意公司是否有惡化的可能。

關於賣股,有時候未必是看壞才賣股,而是因為股價達到滿足點,能因為換股而有更好的投資機會。但,如果真的看壞,就一定要下定決心賣股,不要告訴自己來不及,只要肯面對,永遠不嫌晚。

本節重點

1. 一旦設定停損,就必須嚴格執行,不能因為不想面對虧損,便隨意改變停損標準。
2. 股市新手可以使用量化停損,直接設定停損價;已有較多投資經驗的人,可以使用質化停損,設定停損條件,只要投資狀況符合條件,就果斷賣出。

3

市場預期──
股價表裡不一的罪魁禍首

金礦地圖

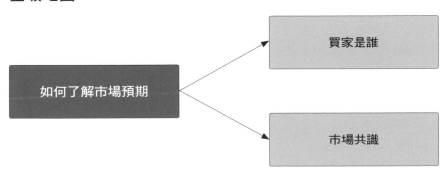

股市常發生一種情況：當股票公布利多，股價卻沒漲，而當股票公布利空，股價卻反彈。會有這些情況，是因為市場已經先預期到，因此當真正消息出來時，利多或利空對股價的影響反而就有限。

想知道股價是否已反映市場預期，最簡單的方式，就是看股價有沒有偷跑，也就是在重大事件之前，例如法說會、公布月營

收、公布財報等,股價是否沒理由的大幅上漲或下跌。另外,籌碼面是觀察市場預期很好的工具,觀察籌碼有時也能看出端倪,例如看券商分行是否有人不斷買進,拉升股價;或是三大法人有無積極賣出,造成賣壓。籌碼面反映真金白銀的交易,因此能從中猜到背後的市場預期。如果能了解市場預期,投資也不容易追高殺低。

了解市場預期,能為所有投資流派加分

有個退休的前輩,選股方式和我差異很大,他投資以價值股為主,也就是算出股票現在到底值多少,然後買進被低估的股票;我投資以趨勢成長股為主,也就是算出股票未來值多少,然後買進有潛力的股票。

認識他時,我以為會因為選股方式的不同,我們的投資想法會有很大的落差。但後來發現其實如出一轍,因為雖然選股方式不同,但我們都是在找被市場低估的股票,並且非常重視市場預期的變化。

他和我分享,**研究股票最重要的,不是預估每股盈餘,而是管理市場預期**。因為再多的好消息,未必都能讓股價上漲,股價可能早已反映。**只有當知道市場的預期在哪,並與我們的認知比較後,才能判斷股價目前的水位,是否還有投資空間**。

市場是由人組成，
了解市場預期就是了解這群人

市場預期來自每個投資人對股票的預期加總，但沒人能知道真正答案，即使買同一支股票，每個人有不同立場、不同策略，預期也會有差異。因此，我們能從另一個角度思考，如果能知道一支股票背後的買家是誰，以及市場共識，也許能有所發現。

買家是誰

我們能觀察籌碼知道買家是誰，並且依照他們的投資習性，推測下一步。舉例而言，假設一支中小型股票一週後有法說會，並且股價近期突然出現不尋常的買盤拉升股價，觀察籌碼後發現投信大買，我們可以推測：有可能是投信掌握了相關利多訊息。若法說會上真的公布利多，投信也可能會藉機賣股，股價再推升的幅度和機率就有限，因此，也許能考慮是否提早獲利了結；或是等法說會公布利多、股價不漲後，投信賣股也會導致股價下跌，若仍然看好個股，可以再找機會重新布局。

但要注意的是，判斷買家的性質，大多時候是猜測，即使都是投信，也可能是不同基金，即使都是外資買進，也可能是不同法人機構，因此判斷時也不要過於武斷。

市場共識

我們能從市場上的研究報告或是討論區，知道市場或散戶看

好股票的理由，與普遍認定的目標價是多少。當我們對一檔個股的掌握度高時，就能與市場共識做比較，一旦發現市場普遍預期過高，就可以提早賣出，或是換股。

舉例而言，2020 年航運類股表現非常強勢，到了 2021 年，越來越多人買進，無論研究報告或是股票討論區，買進理由都是看好因為疫情導致的塞港無法緩解，報價將繼續上漲，此時的市場共識就是如此。但假使塞港只是持續，沒有惡化，運價的上漲幅度也可能只是意料之中，那麼，股價的漲幅也就有限，因為市場已經預期。

但另一種狀況是，假設市場都看好半導體調漲代工價格，認為下一季報價會漲 5%，如果之後產業調漲幅度達到 10%，高於市場預期的 5%，股價可能還會上漲。因為，即使市場已有預期，但若是預期程度和真實狀況不同，股價還是會有額外反應。

股票短線常因消息釋出而漲，因事實發生而跌，這個狀況在股市中很常見，例如當看到一支股票不斷上漲的同時，可能又聽說市場傳言營收會創新高，等到營收真正創新高時，往往股價也開始下跌。

市場預期是股市看不見的那雙手，能讓股價與基本面短期脫勾，而它其實也是反映資訊不對稱的結果。不過，投資若想避開市場預期的干擾，長期持股是很好的方式。因為市場預期反覆無常，時間拉長後，股價漲跌還是會回到公司的成績單，只是若能

了解市場預期，就能更準確的掌握個股的買賣時機。

　　關於市場預期，最後我想說，其實當市場預期過高，就是股價的最大利空。

本節重點

1. 若在法說會、公布月營收、公布財報等重大事件之前，股價已先沒理由的大漲或大跌，即可能股價已反映市場預期。
2. 長期持股可以降低市場預期對投資的影響，因為市場預期反覆無常，時間拉長後，股價漲跌還是會回到公司的基本面。

4

股票沒有絕對價值，
機會是比較出來的

　　我曾經思考，股票到底能否計算出絕對價值？如果有一臺超級電腦，在沒有任何運算限制下，能否算出蘋果（AAPL）、台積電（2330）、微軟（MSFT）的股票值多少？我們常說，當價值高於股價時要買進股票，但我們只看得到每天的股價，要怎麼知道價值？

　　我思考一件事情，喜歡建立一個概念後，用另一個角度去破壞這個概念，然後重建一個新的，之後再破壞、再重建，反覆的破壞與重建，就容易找到一件事情的核心。對於股票有能不能算出絕對價值這件事，讓我們也進行一場思辨：

「要怎麼計算股票價值？」
「有很多種評價方式，像是本益比、股價淨值比等。」
「怎麼決定使用哪種方式？」
「看股票特性而定，成長股會用本益比、價值股就會用股價

淨值比。」

「這些方式該如何計算？」

「本益比是每股盈餘乘上一個倍數，股價淨值比是淨值乘上一個倍數。」

「要怎麼知道倍數是多少？」

「條件越好的公司，像是成長率越多、競爭力越高，倍數就越高。」

「『越高』是能給多高倍數？」

「本益比可以用本益成長比（Price-to-Earning Growth Ratio，簡稱 PEG）的概念來給，也就是每股盈餘成長 10%，就給 10 倍，成長 20%，就給 20 倍。」

「那營收淨值比呢？」

「至於營收淨值比，大部分公司都是介於 3～7 倍居多，很少超過 10 倍。」

當思辯到這裡，其實也不用再問了，因為過程會像是，拿歷史經驗的框架把答案鎖住，但實際上，股市中有更多例外。例如為什麼本益比給多少倍，依照本益成長比是合理的？如果淨值只有成長 5%，就只能值 5 倍嗎？像是 Nike（NKE）成長 15%，但本益比卻是超過 30 倍；Nvidia（NVDA）成長 50%，本益比卻是 100 倍，該如何解釋？另外，合理的營收淨值比為什麼是 3～7 倍？會不會其實以前都是不合理的？在諸如此類的疑慮之下，如果硬要把股價找出標準的價格，更多是自圓其說。

🌐 投資小百科／本益成長比

　　本益成長比與本益比相同，都是評估公司成長性的指標，差別在於，本益成長比會將公司營餘的成長率考慮進去，幫助判斷成長性高的公司股價是否被高估。

　　計算方法是，將本益比除以未來一年的淨利成長率，例如本益比 20 倍，淨利成長率 20％，那麼本益成長比即是 1 倍。普遍市場認為，成長股的合理股價是本益成長比 1 倍，若高於 1.2 倍，表示偏貴，若低於 0.75 倍，表示投資的機會浮現。

　　更何況，即使是同一檔股票，本益比也會改變，假設台積電（2330）明年賺 25 元，市場極度樂觀時，本益比值 30 倍，目標價能到 750 元；市場極度悲觀時，本益比只值 20 倍，目標價就剩 500 元。本益比會改變，是因為本益比在反映預期，而預期每天都會不同，也會因人而異，因此就更難找到絕對價值。

　　雖然本益比能想成每股盈餘多久可以回收的概念，例如本益比 10 倍，所有條件不變之下，累積未來 10 年的每股盈餘，就會達到股價。但這個數字，還是沒有告訴我們，10 年真的合理嗎？還是其實 5 年才合理？

　　因此，我也體悟到，股票沒有絕對價值，價值都是比較後

才產生的。因為比較，才會看到股票被高估或低估，像是如果 A 股票的成長低於台積電（2330），但兩者的本益比都是 25 倍，或是 B 股票和台積電（2330）的成長及競爭力一樣，但本益比卻比較高，就知道台積電（2330）價值被低估了。

我常聽到有人說：「台積電幾年前才兩百多元，現在六百多元太貴了」、「特斯拉幾年前才 300 美元不到，現在要 800 美元」，甚至是「加權指數以前 18,000 點就上不去了，現在 18,000 點已經太貴了」。當用刻板印象鎖住一支股票的絕對價值，就會看不清事實，但若能以相對價值的角度來看股票，就不會過於執著，也能因此找到更多投資機會。

本節重點

1. 股票沒有絕對價值，各種計算股票價值的方法，都只是算出股票的相對價值，用來比較投資機會。

5

投資組合關鍵：贏家選擇寧缺勿濫，敗者偏愛濫竽充數

　　如果股市是尋寶任務，投資組合就是同時選擇多條路線，最大好處是能降低風險，但也並非路線越多越好。好股票也需要時間研究，才能找到，而時間就是投資最大的機會成本，如果手上王牌只有 3 張，就沒有必要非得拿雜牌湊出 10 張，這樣只會拖累自己。

　　我的投資組合習慣是一次持有 **3 到 5 支股票，再多也不會超過 10 支**，這樣才有更多時間深入研究，做到即使大家都買相同股票，也能賺得比別人多。

股價像棒球，落入好球帶的才值得出手

　　大家常聽到：「不要把雞蛋放在同一個籃子。」這句話只講了一半，後面應該還有一句是：「要放在更安全的籃子裡。」不同的籃子，不表示一樣安全，因為其他籃子可能放在地上、樹上、河中，而不是放在銅牆鐵壁的屋內，放進不對的籃子，只

會讓雞蛋白白損失更多。所以，建立投資組合不只有追求分散投資，更重要的是買到能夠賺錢的股票。

建立投資組合有很多種方式，摸索很久之後，我用「好球帶」的概念來建立投資組合。

打棒球時，如果不判斷好球壞球，每顆球來都揮棒，就容易追打壞球，投資也是如此。好球帶的概念是把股價當球，當股價跌到好球帶，投資獲利的機會更高時，才用力揮棒；反之，若是個股漲太多，投資風險變高，那就選擇等待，無須揮棒。和打棒球最大的差異在於，股市可以一直不揮棒，即使已經 3 好球也不會三振出局，要提升安打的機率，就是等到投手投出紅心直球，再猛力一揮。

好球帶的唯一依據：投資期望值

那麼，該怎麼知道一支個股現在是好球還是壞球？最直觀的方法，就是檢視當下的報酬和風險，也就是評估兩種情境，一是如果賺錢，能賺多少（報酬率），二是如果賠錢，會賠多少（虧損率），再分別乘上各自的發生機率，就能評估股票的投資機會，也就是投資期望值。通常我會將賺錢的機率稱為勝率，賠錢的機率稱為敗率，只要能有個股的目標價、停損價算出報酬率及虧損率後，再加上勝率及敗率（敗率＝100％－勝率），就能建立投資組合的名單，也就是好球帶名單。

好球帶名單最大的好處，是以一樣的標準看待每檔股票的投

資機會，只要能算出每支個股的投資期望值，比較之後就知道該
買誰，以及買多少。

　　計算目標價，有不同的計算方式，例如本益比法、股價淨值
比法等，也可以搭配技術分析的買賣訊號判斷；而計算停損價，
則可以使用量化停損的方式；至於勝率與敗率的判斷非常主觀，
沒有任何公式，要看每個人對個股的把握程度，以及過去的投資
經驗決定，若是經驗不足，可以先設定勝率及敗率各為 50％，
等累積更多投資經驗後再調整。

> 報酬率×勝率—虧損率×敗率＝投資期望值

持股比重可以按排名，也可以平均分配

　　投資組合的最後一個步驟，就是決定持股比重，有很多種方
式，我習慣以投資期望值來決定持股比重，投資期望值越高，表
示個股的潛在報酬也越高，因此個股占比也要更高，反之亦然。

　　決定持股比重，主要有 3 個步驟。首先，我會先刪除投資期
望值是負值的個股，因為賠錢的機會更大；再來，決定投資組合
裡要有幾檔持股；最後，以投資期望值的高低決定持股比重。

　　我會從投資期望值由高至低保留要的持股檔數，並且將留下
的個股投資期望值相加作為分母，再分別以留下的個股投資期望
值作為分子，就得到個股的持股比重。

　　舉例而言，投資組合只想有 3 檔持股，投資期望值最高的前 3 名分別是：投資期望值 5％ 的甲股、投資期望值 3％ 的乙股、投資期望值 2％ 的丙股，3 檔個股的投資期望值總和是 10％（5％＋3％＋2％＝10％），持股比重就分別是甲占 50％（5％÷10％＝50％）、乙占 30％（3％÷10％＝30％）、丙占 20％（2％÷10％＝20％）。當然，這不是絕對答案，也可以單純平均分配 3 支股票，就看每個人的偏好。

投資組合實際演練

　　講的看似複雜，也許直接實作，會更好懂。建立投資組合，首先設定投資期間多長，因為不同的投資期間，適合的投資組合就會不同，慢熱型股票適合長線投資，動能型股票則適合短線投資，因此要看每個人的投資風格決定投資期間。

　　我習慣設定投資期間為 1 年，也就是投資組合以考量未來 1 年內的投資機會為主。假設經過長期追蹤，找到了 5 支股票，分別是 A、B、C、D、E，股票的特質各不同如下：

　　A：穩健的成長股，當日股價為 50 元，投資後有 70％ 的機率賺到 30％（目標價 65 元），而有 30％ 的機率會虧損 10％（停損價 45 元）。

　　B：波動小的定存股，當日股價為 20 元，投資後有 90％ 的機率賺到 10％（目標價 22 元），而有 10％ 的機率虧損 5％（停損價 19 元）。

C：大起大落的景氣循環股，當日股價為 60 元，如果股價能上漲，投資後有 60% 的機率賺到 50%（目標價 90 元），但若股價下跌，則有 40% 的機率虧損 50%（停損價 30 元）。賺錢和虧錢的幅度都是 50%，唯一投資亮點是勝率比敗率高20%。

D：賭博性質的轉機股，當日股價為 100 元，如果公司被收購，投資後能賺到 100%（目標價 200 元），但發生機率只有 20%；若收購失敗也會有失望性賣壓，有 80% 的機率會虧損20%（停損價 80 元）。

E：波動較小的景氣循環股，當日股價為 150 元，如果缺貨，投資後能賺到 20%（目標價 180 元），但若供過於求則會虧損 20%（停損價 120 元），經過研究發現，缺貨的機率只有 40%，而供過於求的機率是 60%。也就是賺與賠的幅度都是20%，但與大起大落的 C 相比，E 的勝率更低，只有 40%。

根據上述的特質，可以將數值填入好球帶的部分表格（見第193 頁圖表 4-1 第 1～7 項），接下來再根據這些數值計算出投資期望值。計算結果發現：

A：即使報酬率與勝率都不是最高的，但投資期望值最高，表示只要兩者兼顧，就能有高達 18% 的投資期望值。（30%×70%－10%×30%＝18%）

B：雖然報酬率最低，但因為勝率高，且虧損率也低，因此投資期望值仍有 8.5%，排名第 3。（10%×90%－5%×10%＝

8.5%）

　　D：雖然報酬率最高，但由於勝率過低，拉低了投資期望值，排名僅第4。（100%×20%－20%×80%＝4%）

　　C 與 E：都屬於景氣循環股，個別的報酬率和虧損率雖然一致（C 的報酬率和虧損率都是 50%，E 的報酬率和虧損率都是 20%），但由於 C 的勝率比 E 高出 20%，也使得 C 的投資期望值達到 10%（50%×60%－50%×40%＝10%），排名第 2，遠

圖表4-1　好球帶名單列表

個股	A	B	C	D	E
1. 當日股價（元）	50	20	60	100	150
2. 目標價（元）	65	22	90	200	180
3. 報酬率（%）	30	10	50	100	20
4. 停損價（元）	45	19	30	80	120
5. 虧損率（%）	10	5	50	20	20
6. 勝率（股價上漲的機率，%）	70	90	60	20	40
7. 敗率（股價下跌的機率，%）	30	10	40	80	60
8. 投資期望值（%）	18	8.5	10	4	-4
9. 是否落入好球帶	好球	好球	好球	好球	壞球

高於 E 的 -4%（20%×40%－20%×60%＝-4%）。

　　有了投資期望值後，就能決定持股比重。假設投資組合只想要 3 檔持股，就會是投資期望值最高的 3 檔股票 A、B、C，分別的投資比重如下：

　　A：18%÷（18%＋8.5%＋10%）＝49.3%

　　B：8.5%÷（18%＋8.5%＋10%）＝23.3%

　　C：10%÷（18%＋8.5%＋10%）＝27.4%

　　因此，最後的投資組合，即為 A 股占 49.3%、B 股占 23.3%、C 股占 27.4%。

圖表 4-2　投資組合的個股比重

個股	A	B	C	D	E
投資期望值（％）	18	8.5	10	4	-4
投資比重（％）	49.3	23.3	27.4	0	0

好球帶的最大意義：
看清更多個股事實，降低主觀感覺

　　好球帶，是我投資多年後才找到的方式，最大好處是數據化，減少主觀投資判斷產生的偏差。例如上面例子中，有些人可

能看到 D 的報酬率 100％ 就急著買進，而忽略了它的勝率只有 20％ 所帶來的風險。建立好球帶雖然麻煩，但也能看清更多事實，做出更好的決策。

要能建立好球帶，回到根本，是必須要會選股，如果表格中的預估數字背後，沒有合理的邏輯推論，這份表格也就沒有任何意義。

完成好球帶後，記得還要定期更新數值。更新的頻率依照投資期間而定，投資期間越短，要能更即時反映市場的變化，因此更新頻率要更短，例如每天更新；投資期間越長，短期市場氣氛對個股的影響較小，更新頻率就可以稍長，例如每週更新。另外也要隨時注意產業出現的重大訊息，看看是否有必要重新評估好球帶的數值，才能更貼近股市的現實面。

最後我想說，投資組合有許多方式，沒有絕對答案，唯一要把握的原則是，寧缺勿濫，而非濫竽充數。

本節重點

1. 好球帶概念：以報酬率、勝率、虧損率、敗率計算出投資期望值，正值即是好球，可以考慮買進；負值即是壞球，可以捨棄。
2. 好股票需要時間研究及尋找，所以投資組合無須勉強湊數，只有 3、5 支個股也可以。

心理素質是生活的累積，更是失敗的結晶

——能掌握的是自己心態，不能掌握的是市場氣氛。

1

股市像擦不乾淨的鏡子，
靜下來才看得見自己的模樣

　　選股和心理素質是投資最重要的兩件事，沒有好的心理素質，即使學會選股，在面對市場波動時，也難以做出正確決策。

　　心理素質，是每個人心中的羅盤，用來導正自己前往金礦的方向。無法操作羅盤，通常不是因為使用困難，而是因為眼前的景象太過美好，難以抗拒誘惑，因而選擇忽略。

羅盤存在每個人心中，只是比不過眼前誘惑

　　選股很重要，但若心理素質不到位，即使選對股票，也會迷失於股海之中，最常見的例子就是，明知道何時該買進或賣出，但當看到股價波動，就忍不住高買低賣。

　　操作紀律與反省錯誤是心理素質的兩大原則，這兩個原則的執行狀況，會帶我們抵達 3 個不同的探索區域，第 1 個是投資致富（找到金礦）、第 2 個是股海漂流、第 3 個是淹沒於股海中（心理素質羅盤見第 212 頁）。

探索區域 1：投資致富

當選股正確，又能嚴守操作紀律，該買就買，該賣就賣，就能抵達投資致富區域，即使虧損，也只要能保持泰然，維持該有的紀律，總能到達彼岸。這條康莊大道，如此清晰簡單，但能堅持到底的人，真的不多。

因為事實是，當我們遇到岔路時，明明康莊大道就在眼前，卻仍會被另一條崎嶇小路所吸引。康莊大道平坦無趣，雖然看到遠處山頭金光閃閃，但沿路無人相伴；而崎嶇小路風光明媚，也有許多樂不思蜀的遊客，可以互相作伴，如果是第一次站在岔路口，很難不選擇錯誤的那條路。

探索區域 2：股海漂流

當破壞紀律後，我們就會抵達股海漂流區域。剛進入股市，很難一開始就能嚴守紀律，這是人之常情，但在出現重大虧損時，一定要保持頭腦清醒，因為反省錯誤，是返回的最後一次機會。如果願意反省，就有機會走回岔路口，重新選擇康莊大道。

股海漂流時，最危險的情況不是沒賺錢，而是沒紀律還賺到錢，這比賠錢更危險，因為投資賺錢的人，無論方法對錯，很少人會反省自己。太輕鬆的賺到錢，容易自我膨脹，之後的紀律也會蕩然無存，只要出現天災、發生土石流，崎嶇小路的遊客，就可能全軍覆沒。

探索區域 3：淹沒於股海中

當沒有交易紀律，虧損後又不願反省錯誤，很遺憾，最後的結果就只能是淹沒於股海之中。這條路也是淺顯易懂，但執迷不悟的人，總是看不清楚。

股市與生活密不可分，如影隨形，也會相互影響，因此，想要投資致富，除了在股市中遵守操作紀律與面對錯誤，也能在生活中建立素養，養成好的習慣和態度，不僅能讓自己生活得更自在，也能讓投資更為順遂。

紀律需要時間鍛造，反省需要勇氣面對

心理素質聽起來抽象，但其實能從投資行為看出每個人的高低。當一群人知道同一個消息後，每個人的所作所為就是反映不同的心理素質。

離開職場後，我偶爾會分享標的給一些朋友，但常常結果並非如預期幫到他們，即使大家知道要買哪一支、什麼時候買，能賺到錢的人還是有限，我歸納出大多數的原因：

1. 當我認為可以買進時，大家卻想再等更低的價格，發現等不到後反而去追高。

2. 當我認為基本面改變應該停損時，大家卻下不了手，導致虧損更多。

3. 當我認為長線趨勢不變，股價只是暫時修正時，大家卻停損在低點。

「跟牌」（跟著別人買股票）雖然省去了選股的步驟，但仍需要具備良好的心理素質，否則還是會在股價下跌時停損、股價上漲時追高，變成兩頭空。

紀律能封印貪婪，唯一的破口是驕傲

心理素質是一個投資經驗內化的過程，最後的表象是，能否嚴守操作紀律、反省錯誤。若投資中無法做到這兩件事，表示心理素質尚未成熟，對於投資致富，也還有一段距離。因為**心理素質是，該賺錢的時候會果斷出擊，該退縮的時候也不會執著。**

操作紀律是一條需要時間才能鍛造出來的枷鎖，用來封印我們心中的恐懼與貪婪，讓對的事能按照計畫進行，然後產生好的結果。操作紀律也是投資致富的必要條件，因為時間拉長後，運氣將變成配角，只要能重複做對的事，就必定能致富。

我有個朋友曾經看好一支股票，認為公司將切入新客戶並帶來大量訂單，預測股價 3 個月內能漲 50％，於是重壓這檔股票，也訂好紀律，只要達到目標價就全部賣出。後來，股價漲得比他預期的還快，不到 2 個月就達到目標價，但故事的最後他卻是虧損出場。

事後我才知道，股價上漲之際，他忍不住賣出現股，但卻追加更多權證增加槓桿，也提高了買進成本，比原先現股成本高了30％，當股價漲到 50％ 時他也沒有賣出，認為等待財報公布後再賣出更好。但天不從人願，公司法說會提到，新客戶初期對公

司的貢獻不明顯，需要時間醞釀，此話一出造成股價大跌，權證流動性變差、價差變大，最後朋友只好認賠出場。

　　紀律並非不能改變既有的規則，甚至，我反而認為投資要與時俱進，要根據現實狀況調整策略。但最大的前提是，只要決定了規則，就不能毫無理由的修改，只為了自圓其說，說服自己做錯誤的事。

　　我們都不是天生的操盤手，很難一開始投資就能完全遵守紀律，因此即使有虧損也不要太氣餒，只要記得照照鏡子，看清楚自己長相，然後喝杯雞湯暖暖身，不要再故意犯錯，距離投資致富其實都還不遠。投資最怕不守紀律卻還賺到錢，這時請一定要告訴自己，這種運氣是天賜的，並且記得反省違背紀律的錯誤。反省是一項學會後仍會遺忘的技能，而驕傲就是那杯使人變得健忘的孟婆湯。

🌐💲 投資小百科／權證

　　權證的交易模式與選擇權相似，也是指「在特定的時間，以特定的價格，買賣特定數量的標的」，差別在於，權證的賣方是券商，非一般投資人，而買方需要支付權利金給賣方，作為在特定時間可以選擇買進的權利。

股神也會犯錯，差別在於他懂得反省

很多人景仰股神巴菲特的選股功力，而我更敬佩的，是他潛藏深厚的心理素質，甚至認為他之所以成為股神，也是因為心理素質。

不可否認，巴菲特有很好的選股能力，但就單一個股而言，他懂得的也許不比華爾街的明星分析師、產業專家，甚至是公司管理階層多，他也曾說過，過去沒有投資亞馬遜（AMZN）是他犯下最大的錯誤。不只亞馬遜，他過去也沒有投資過微軟（MSFT）、特斯拉（TSLA）、Netflix（NFLX），然而即使如此，在波克夏過去超過 50 年的歷史，他的平均年化報酬率也能達到 20%，雖然不是史上最高，但在全世界也是屈指可數。

人非聖賢，孰能無過，巴菲特也曾有過投資誤判，但他願意反省錯誤並修正；再者，看到他從容面對市場時，我觀察到 4 個令人敬佩的特質：股市大跌時勇敢買進好的個股；無論股價波動，繼續持有看好的個股；即使重壓，一旦看錯就勇於停損；當市場過熱，會更謹慎選股。

蘋果證明了地心引力，
也證明了巴菲特的心理素質

巴菲特懂得把握機會，當機會來臨時，他不會因為股價變化而猶豫，無論買進或賣出都是如此冷靜，買進蘋果（AAPL）絕對是近年來的代表作。

　　巴菲特一向以投資傳統產業為主，不太碰科技公司，更不用說重壓科技股，但在 2016 年後有了改變，波克夏開始買進蘋果（AAPL）股票，當時買進成本約 37.5 美元。2021 年後，蘋果（AAPL）股價已到 150 美元，投資 5 年獲利 4 倍，但期間並不是一路順遂，2018 年時股價也曾從高點 58 美元修正到 35 美元，跌幅約 40%，但巴菲特沒有因此停損，到了 2020 年時，蘋果（AAPL）最高曾占波克夏持股的 48%，波克夏也成為蘋果的第二大股東（見圖表 5-1）。

　　單一持股占部位 48% 是什麼概念？我們可以用國內的法人

圖表 5-1　波克夏 2016 年至 2021 年持有蘋果股數與蘋果股價比較

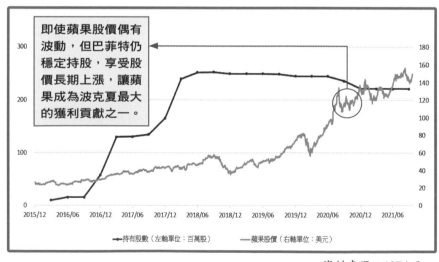

資料來源：13F info。

機構來類比，國內投信、壽險單一個股的持股比例，幾乎很少超過部位的 10％，波克夏卻敢重壓單一個股到 48％，心理素質真的非常驚人。

若看持股金額，波克夏 2021 年第 2 季財報公布，持有蘋果（AAPL）股票的市值高達 1,109 億美元。這又是什麼概念？再以臺灣來類比，臺灣投信的股票型基金總規模，2021 年上半年達到新臺幣 7,800 億元，以美元匯率 1：28 計算，約為 278 億美元。巴菲特買一檔蘋果（AAPL）的規模，約是臺灣所有股票型基金加總的 4 倍之大。記住，這只是單一一檔股票而已。

正確判斷往往能帶來豐厚果實，蘋果也成為波克夏近年最大的獲利貢獻，但蘋果一役，巴菲特展現的不單是選股能力，因為即使大部分的人都知道要買蘋果，先不論投資金額，僅以持股比例而言，有多少人比他還高？再以持股時間超過 4 年來看，又有多少人比他更久？更何況，蘋果的持股期間在波克夏的歷史中，只能算短的。如果我們是巴菲特，明知道買進蘋果股票是對的答案，但是否真敢做出這個決策，重壓一檔個股超過新臺幣 7,000 億元？這就是心理素質的差異。

如果能拍成電影，我想像此時會出現巴菲特的特寫鏡頭，心裡的獨白是：「產業我不一定比你懂，個股我也不一定比你懂，但，我比你懂市場、懂股價，懂人心的恐懼與貪婪，甚至，比你更懂自己。」接著，下一個鏡頭，只看到巴菲特在黑暗中帶著微笑，轉身消失……。

心理素質不夠強，好股票也只能替你惋惜

　　我們再舉另一個明星經理人的例子。方舟投資（ARK Investment Management LLC）的負責人伍德（Cathie Wood）是 2020 年華爾街最火熱的經理人，和巴菲特不同的是，伍德選股以科技創新股為主，特斯拉（TSLA）是她的代表作，曾經旗下所有基金都同時重壓，也因此旗下的指數型 ETF 如 ARK 新興主動型 ETF（ARK Innovation ETF，美股代號 ARKK）、ARK Next 物聯網主動型 ETF（ARK Next Generation Internet ETF，美股代號 ARKW），在 2020 年的投資報酬率超過 1 倍。

　　特斯拉（TSLA）股價從 2018 年 70 美元漲到 2020 年 700 美元的過程，讓伍德堅信它能繼續漲到 4,000 美元，但在 2021 年下半年，股價從 800 美元跌回 580 美元後，方舟投資卻陸續賣出，減少超過了 20% 的持股。盤整半年後，特斯拉（TSLA）股價又再漲到超過 1,000 美元，但之前賣掉的股數已經無法挽回。即使伍德極度看好特斯拉，投資理由沒有改變之下，她仍選擇賣出持股，讓獲利少了一大截（見圖表 5-2）。

　　科技股在 2020 年獨撐大局，彷彿投資傳產股都是呆瓜，當時市場也有許多言論認為巴菲特「廉頗老矣」。但時間進入 2022 年後，科技股熱潮卻因為升息疑慮被澆了冷水，股價明顯修正，從方舟投資和波克夏 2020～2022 年的股價走勢（見第 208 頁圖表 5-3、5-4）也能看到，即使前面 2 年伍德的操作績效非常好，但心理素質沒守住，最後還是功虧一簣。也讓善變的市

圖表 5-2　方舟投資 2016 年至 2021 年持有特斯拉股數與特斯拉股價比較

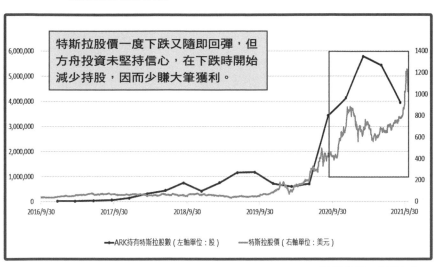

資料來源：13F info。

場回過頭來吹捧股神之外，又挪揄：「每個股市多頭的世代都會有一個伍德，但熱潮過了，這種人就會消失了。」批評別人無法凸顯我們高尚，只會讓我們變得更像自己討厭的那種人。

建立素質是穩賺的生意，生活投資同時加分

心理素質還有一個重要的功用，就是對抗投資低潮。我自己的投資經驗中，常會感受到運勢的存在，也就是總會有一段日子投資很順，怎麼買怎麼賺，但也總會有一段時間很「背」，怎麼買怎麼賠，每次賣出後個股就開始上漲，彷彿有一雙眼睛盯著我的一舉一動。

圖表 5-3　ARK 新興主動型 ETF（ARKK）股價圖

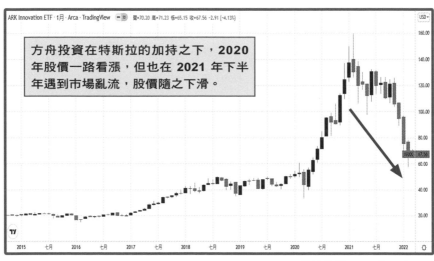

方舟投資在特斯拉的加持之下，2020年股價一路看漲，但也在 2021 年下半年遇到市場亂流，股價隨之下滑。

資料來源：TradingView。

圖表 5-4　波克夏（BRK）股價圖

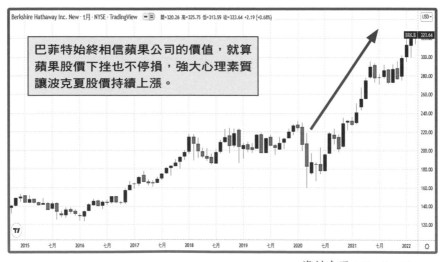

巴菲特始終相信蘋果公司的價值，就算蘋果股價下挫也不停損，強大心理素質讓波克夏股價持續上漲。

資料來源：TradingView。

生活和投資息息相關，要培養好的心理素質，能從建立素養開始，也就是養成好的態度和好的習慣。當認識更多成功的投資人後，發現他們都有相似的特質，也意味這些特質有助於投資：

決策錯誤就停損，不因小失大

格局小容易讓人短視近利，投資也會追高殺低，像是因為一些失誤而過度糾結，然後影響後面的決策。格局大能站在制高點思考，不被眼前的小事干擾，而忘了通盤計畫，因為成就一件事情，總會有必要的犧牲。格局大的人也能勇於停損，知道勝敗乃兵家常事，錯了就承擔後果，修正後重新出發就好，一次輸贏，不代表一輩子的輸贏。

夠耐心，等得到獲利

投資有 80% 的時間在等待，只有 20% 是享受獲利喜悅。有耐心的人知道投資不是天天過年，持股還沒大漲是正常現象。沒耐心的人，看到別人的股票每天漲，以為那才是常態，然後不斷盲從換股，但其實賺錢的股票大家都會掛在嘴上，而賠錢的股票只會放在心上。

保持懷疑，不被雜訊迷惑

投資決策最怕人云亦云，市場聽到的任何訊息很可能只是表象，背後其實還有許多問題需要細究，橡樹資本管理（Oaktree

Capital Management）創始人霍華・馬克斯（Howard Marks）也常提醒投資人，不要只看事情表面，要有第 2 層次、第 3 層次的思考，投資才能更少失誤。

保持樂觀，輕鬆看待虧損

投資過程往往伴隨痛苦，虧損時痛苦，即使賺錢了，也會自認少賺而痛苦。投資要長久，就必須保持樂觀，並且適時感到滿足。個性悲觀的人，遇到虧損容易自我懷疑，變得猶豫不決，例如想著「為什麼要買這檔股票，損失的這些錢都可以去買車了……」，容易產生太多糾結，也讓投資不斷在痛苦中循環。

廣納意見，減少投資盲點

「投資不是一言堂」是我很喜歡的一句話，隨著投資經驗增加，很多人會開始自我膨脹，對於他人的想法常常充耳不聞，甚至是不斷反擊。包容不同意見，將聽到的論點都當作好意提醒，接納更多想法，投資就能減少盲點，也不會讓自己過度執著。

股市波動像病毒，心理素質就是抵抗力

心理素質和選股不同，選股可以透過模仿學習，例如了解巴菲特、富達投資（Fidelity Investments）副主席彼得・林區（Peter Lynch）、伍德、霍華・馬克斯的選股邏輯，就能對選股有些方向，但心理素質只能從投資經驗中反省體會、領悟後才能

習得。像是從知道停損，到確實能做到停損，就是一個領悟的過程，而很多時候，領悟都是用痛苦換來的。

　　我喜歡寫日誌重新審視自己的投資過程，尤其是挫折時會記錄當下的心情，以及投資失利的前因後果，並且試著想出，如果重來一遍應該怎麼做。**錯誤不是壞事，是成長的必要之惡，學會反省錯誤，才能對股市波動有更高的抵抗力。**股市波動像是無所不在的病毒，我們的目的不是消滅病毒，而是提高自己的抵抗力，即使生病了也不要太擔心，努力照顧身體，等到康復後，就能對相同病毒產生抗體，下次遇到也能安全度過。

🌐💲 投資小百科／霍華・馬克斯的選股邏輯

　　霍華・馬克斯強調，投資最重要的是等待，而不是追逐機會，並注重多元化。參考他的選股邏輯，對於鞏固心理素質，將有很大幫助。

　　1. 以可靠的事實和分析做為投資基礎，建立自己的價值觀。

　　2. 不要低估心理層面的影響力。

　　3. 投資成功的基本要素之一，是認知到我們無法完全預知未來。

　　4. 想判斷投資是否真的能賺錢，要看在逆勢中的表現如何。

心理素質羅盤

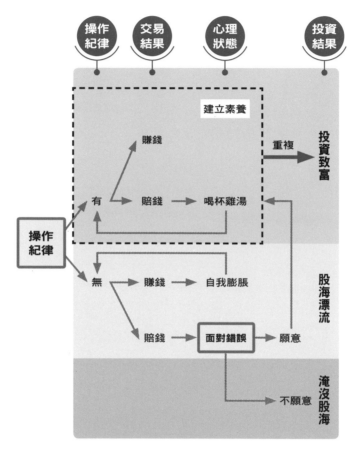

本節重點

1. 每個人都有投資誤判而虧損的時候，只要肯勇於反省錯誤並修正，仍有機會投資致富。

2. 心理素質需要領悟後才能習得，犯錯時牢記前因後果和當時心情，作為下一次投資的借鏡。

2

心理素質
決定財富的天際線

德國股神安德烈・科斯托蘭尼（André Kostolany）比喻股市像是老人牽狗散步，股票本質不會每天改變，像是老人直線前行，而股票價格每天都會改變，像是狗的動作很快，還是會繞著老人移動，也就是說，股票價格短期再怎麼變動，長期還是離不開股票本質。

其實，心理素質和財富，也是老人牽狗散步，心理素質像是老人的步伐，不會每天改變，需要經驗累積，但養成後也不會突然消失，只會往更高的境界邁進。但財富會因為股價漲跌而每天改變，像是狗的步伐來回不停奔跑，但狗始終會跟隨著老人，財富能有多少，還是要看心理素質有多強，只要不夠成熟，**靠運氣賺來的，都會用實力賠回去**。反過來也一樣，如果具備足夠的心理素質，即使短期虧損，最後也能因為把握住了幾次機會而致富。

心理素質決定財富高度，選股決定財富速度

如果我們的目標是投資致富，那麼選股和心理素質，哪個比較重要？我的答案是：看情況。

如果是一張投資白紙，什麼都不會，那麼選股能力比較重要，因為選股是股市的入場券，不會選股，就成了賭博；但若選股能力及格，心理素質就會更重要。

選股能力好，能一次找到很多支股票，但心理素質不夠，再多支股票也是枉然，因為還是容易會被市場影響而買高賣低；相反的，只要心理素質夠成熟，即使只有一支好股票，投資也能賺到錢。

一個投資前輩，退休後享受生活，遊山玩水，沒有太多時間選股，但會集中時間和資金在幾檔看好且無須頻繁交易的個股上，我問他持有多久會賣股，常聽到的答案是：「不知道，因為基本面沒變差，未來也會越來越好，不用急著賣。」過一陣子後聽到他的資產又創新高，是常有的事，這個關鍵在於他的投資經驗豐富，知道哪些是好股票，但更重要的是，他們的決策很少受到市場影響，即使研究股票的時間變少，但績效也未必較差。

因此，心理素質決定每個人該擁有多少財富，但不表示選股能力及格後，就沒有提升的必要性。選股能力越好，就能讓財富更快、更順遂的抵達目的地。舉例而言，兩個具備相同心理素質的人，也會因為選股能力不同，累積財富的速度有所差異，假設A、B兩人具備以下條件：

- A 的選股能力強，一次能找到 5 支上漲機率高的股票。

- B 的選股能力是一般水準，一次只能找到 1 支上漲機率高的股票。

當兩個人都看錯了 1 支股票，A 還有 4 檔可以操作，而 B 就需要時間重找股票，另外，B 只有 1 支股票可以單壓，因此財富累積的過程也會較顛簸。因此，選股能力好，可以讓手上的王牌更多，對財富而言是加分的事。

好運不是真朋友，會在歡樂時悄悄離開

我舉幾個朋友的例子，就能了解不同的心理素質，對投資帶來的差異：

A 有投資經驗，在科技業工作，他不會選股，幾乎都是聽消息買股票，消息來自客戶、產業朋友、廠商等，喜歡用融資重壓，但操作紀律常受到市場影響。

剛開始的投資績效不錯，進入股市時遇到大多頭，許多題材股大漲，加上使用融資重壓快速累積財富，投資 3 年，資產從 300 萬元增加到最高 3,000 萬元。但現在他不做股票了，倒不是因為已經財富自由，而是在某一年投資到地雷股，不斷逢低攤平後遭到斷頭，把錢一次賠光。

B 是畢業不久，學生時期就參加社團的上班族，他的投資以

短線交易為主，主要是看股票論壇或財經新聞，也和幾個朋友一起行動，從盤中的強勢股或弱勢股做當沖或隔日沖，也會玩玩台指期。

投資結果是第 1 年沒賺沒賠，第 2 年買航運股，幾乎每天都當沖好幾次，半年內資產從 50 萬元增加到 400 萬元。但後來遇到股市修正，他一直急於回到財富高點，除了當沖之外，也開始玩個股期貨，後來在半年內資產從高點 400 萬元縮水到 70 萬元，吐回多數獲利。

C 是一位銀行小主管，有 10 年投資經驗，並且很有自己想法，雖然不是專職投資，但會簡單的選股，喜歡找有題材的強勢股來研究，曾經歷過幾次的挫敗，但持股很保守，只買大股票，而且持股時間以年計算。他的投資結果是從 500 萬元資金增加到 3,000 萬元，年報酬率不是穩定賺 10～20％，而是有時候虧 10～15％，有時候又大賺超過 1 倍，但不變的是持股集中，而且長期投資。

D 是投資行業退休的股市老手，會選股，心理素質也很好。投資以基本面為主，喜歡波段或長線投資，不做短線，並且投資非常重視風險，除了持股分散之外，執行停損也很乾脆，很特別的一點是，即使是再看好的股票，他也從來沒有使用過融資或是期貨。

他的投資結果很穩健，剛認識他時就已有十幾年的股齡，累積七、八千萬元的財富，過了 5 年後再聚，從他的持股張數推測資產已經超過 1.5 億元。他分享了一個概念：「我的目標是每年賺 20％，不要看 20％ 好像比聽到的少年股神還少，投資久了，複利其實很可觀。」他除了金融海嘯那年虧了 8％，其他時間每年報酬率超過 20％。他不使用槓桿，也會做資產配置，因此看錯股票也不至於讓財富縮水太多。當遇到持股大跌時，他通常不是先停損，而是去收集相關資料，若當初買進股票的理由沒有改變，他反而會再買更多股票。

4 個朋友中，D 的選股能力和心理素質都最高，C 的心理素質其次，A 和 B 的心理素質則都不及格。剛開始知道 A 的投資狀況時，滿羨慕他光聽消息也能賺這麼多錢，但在發現他投資上的致命問題後，再聽聞他從股市畢業也就沒有太意外。

A 的致命性缺點就是從來不設停損，他曾告訴我：「只要股票沒賣都不代表虧」，並且虧損時他從不看對帳單：「看對帳單也不能改變什麼，反正船到橋頭自然直。」

停損的紀律常被賭氣打敗，當股價跌到一個臨界點後，很容易因為不甘心而不願意賣股，心想：「現在價格和當初差這麼多，賣了也拿不回多少錢，就繼續擺著算了。」但這樣想之後，股價往往又再往下掉。

A 的心理素質不夠，也不具備及格的選股能力，即使資產從

300 萬元翻倍到 3,000 萬元，終究會再失去，只是時間早晚，因為這是人性，享受到股市帶來的榮華富貴後，就會幻想 3,000 萬元能再賺到 3 億元，但好運不是常態，該來的還是會來。

因此，投資有很多種方式，無論是價值投資、短線交易，甚至聽消息買股，最後能賺到多少錢，還是要回到心理素質。

本節重點

1. 心理素質和財富，就像是老人牽狗散步，心理素質像老人的步伐，每天持續往同一方向前進，財富則像不停來回奔跑的狗，會隨股價漲跌而增減。但狗始終會跟隨老人，財富能有多少，還是要看心理素質有多強。
2. 選股是股市的入場券，不會選股，投資就成了賭博；但若選股能力及格，心理素質就會更為重要。

3

毒品和槓桿都會上癮，
只是一個違法、一個合法

　　驕傲的人容易忽略細節，迷失在阿諛諂媚的幻覺中。西施是
四大美女之首，除了能讓沉魚不見天日，也能讓吳王夫差滅國，
但若真要比較受害者有多少，槓桿可能更勝西施一籌。

槓桿是不是禍水，端看你是句踐或夫差

　　伍子胥以歷代王朝因女色而亡國為例，上諫吳王不可接受越
國進獻的西施。但吳王不僅接受了西施，還大興土木供其遊樂，
最終讓句踐趁虛而入，導致亡國。

　　使用槓桿時，其實我們也會聽到天使在耳旁不斷提醒，但槓
桿會使人著魔，當耳朵被自信蒙蔽，就算是用擴音器吶喊也是充
耳不聞。

　　從股海畢業的唯一條件，就是使用槓桿，至少我還沒聽過因
為買現股而破產的人。但是，槓桿也不全然是惡魔，端看你是句
踐還是夫差而定。如果是句踐，懂得善用槓桿，那麼就能因為槓

桿而更早投資致富；而如果是夫差，無法掌握槓桿的力量，那麼就會因為槓桿而失去江山，甚至失去生命。兩者的差異，在於頭腦是否能保持清醒，把槓桿當作工具，而不是迷幻藥。

股市畢業三部曲，
不同人生往往上演相同劇情

多數離開股市的人，不是因為賺到大錢急流勇退，而是輸光家產，遭到市場淘汰，只有極少數的人能在輸光家產後，痛定思痛，最後還能絕處逢生。

股市畢業常會有三部曲，一旦上演，後面的續集就會自動追加，而槓桿往往就是導致悲劇的大魔王。如果你正身在其中，但心理素質不到位，即使獲利再好，最後還是可能賠回去。

第一部曲：只買現股，也留現金。大部分剛進入股市的人，不會嘗試槓桿，也會預留現金以備不時之需，投資心態很健康，即使虧損了也不會造成太大傷害。

第二部曲：淺嘗槓桿，食髓知味。從股市賺到錢後，嘗到了甜頭即胃口大開，心態容易跟著膨脹，認不清獲利是因為自己的實力還是運氣，開始幻想成為成功人士，投資變得不切實際，當沖、融資、期貨、權證這些槓桿也躍升為主角。夠幸運的話，財富能在短時間內再翻好幾倍，但換個角度，其實這也是不幸的，因為之後就更難抵抗誘惑，然而無論再怎麼拖戲，終究會有寫下結局的一天。

　　第三部曲：得意無形，樂極生悲。很多人會在使用槓桿投資獲得小小成功之後，開始被許多迷幻的聲音催眠，認定自己必能因此投資致富，等到槓桿失去平衡、變成虧損後，才發覺是南柯一夢。由於欠缺正確的投資心態與能力，在資產高速蒸發之時，很多人會選擇奮力一搏，再擴大槓桿，然而無論再賺了多少倍，只要不良的習慣不改，一隻黑天鵝出現，就足以滅亡。

槓桿的代價──
對高手是廉價，對新手是天價

　　神燈能無條件滿足 3 個願望，但它只存在童話故事中。對投資而言，能買進自己原本買不起的股票金額，這個神燈就是槓桿，但現實生活中，槓桿是有代價的。

　　使用槓桿有許多方式，假設只有 100 萬元，就只能買價值 100 萬元的現股。當更看好這檔股票，想買到 200 萬元、300 萬元時，方式很多，但都需要代價。

　　最簡單的是融資買進，跟券商借錢只要付利息就好，只是融資利息比較高，通常是 5% 以上。其次是銀行貸款，代價是需要支付設定費，而且作業流程較長，不能短進短出，當不買股票時也不能立刻還款，仍必須按時付利息，白白損失利息的錢。

　　期貨、權證、當沖，都是代價更大的槓桿方式，其中，期貨和權證的流動性較差，不是想買就買得到，或想賣就賣得掉；而權證的最大缺點是，賣方是券商，我們難以得知券商計算出來的

價格是否合理，在買賣雙方資訊不對稱之下，也會產生很多隱形成本。當沖是操作難度最高的槓桿，也是槓桿最大的方式，因為只要買賣能在當天收盤前完成，理論上就能無條件放大槓桿，但代價是時間壓力，看似無形，實則最容易導致破產。

想靠槓桿成功，得先成為冷血的人

從各種槓桿中，可以衍生出一個啟示：對於**大部分的槓桿方式，時間都是敵人，當股價盤整越久，就要承擔更多的代價**。但對持有現股而言，只要能夠等待，其實並沒有額外成本，因此時間反而是現股的朋友。

除此之外，我認為槓桿最大的代價，是會從兩方面影響投資決策：

逆選擇：逆選擇是指我們明知道一個決策是錯誤的，但也只能硬著頭皮執行。槓桿會放大資產的波動，假設現股跌 5%，融資買進的資產就會減少 12.5%、期貨就會減少超過 30%，造成一檔股票的基本面不變，明明不需要賣出，但因為股市短暫不理性的波動，必須被迫停損出場。

破壞紀律：槓桿會勾起貪婪，只要一碰過槓桿，就很難收手。嘗過禁忌的果實之後，再甜的蘋果都會覺得普通；賺過一天20% 的報酬之後，每天緩漲 2% 的股票就變得平淡無奇，這很容易扭曲投資價值觀，進而影響原有紀律。

要當股海中的句踐，靠槓桿得天下，必須先試過不知多少回

投資小百科

● **當沖**

　　當沖是指，在一天之內完成同一支個股的買進及賣出交易，是難度最高的槓桿方式，需要很好的心理素質和交易天分。當沖也是槓桿最大的方式，資金不足的人透過當沖，可以買進遠超過自己資金的股票，只要在收盤前全部出清就好，但在時間壓力之下，很容易過度槓桿及過度交易，導致破產。

　　舉例而言，假設有 100 元，可以買進 1 股 100 元的股票，即使股價跌到 0 元，也不會破產。但如果只有 100 元，卻買進 300 元的股票，那麼只要股價跌到低於 200 元就會破產，這就是過度槓桿。

　　又如果一樣有 100 元，買進 1 股 100 元的股票，當股票跌到 50 元後停損，反彈到 60 元後又再追高買回，之後卻又再跌回 50 元，一次錯誤的交易就多虧損了 10 元，如果股價在 30 元到 70 元之間不斷盤整，只要多看錯幾次，又使用槓桿，那麼也可能就破產了，這就是過度交易。

● **期貨**

　　期貨的交易模式是，買賣雙方約定好「在特定的時間，以特定的價格，買賣特定數量的標的」，等到期時一定要履行交易。由於到期時的價格，不一定會是約定的價格，交易時會有一方虧損，因此買賣雙方都必須先支付一筆保證金。

的臥薪嘗膽。我遇過這種人，他們知道槓桿的代價，所以使用槓桿時，會選擇短線進出，甚至當沖，但即使是當沖，也很精準把握每次出手機會，並用槓桿加速獲利，就像獵豹為了飽餐一頓，可以在草叢觀察獵物一整天，一旦出手就是一擊必殺。他們當然也會有獵捕失敗的時候，但已訓練到能夠冷血停損，對損益毫無感情。

我們的周遭，或多或少都有過投資失利的故事，只是主角不同，但同樣讓人不勝唏噓，投資前懷抱夢想，投資後夢碎一地，有些人甚至連生活也賠了進去。股市很迷人沒錯，但要記得，在紙醉金迷之際，有個句踐就坐在遠處臥薪嘗膽，遙望著等待我們失誤。

本節重點

1. 槓桿可以買進比成本還多的股票，但時間是槓桿的敵人，股價盤整越久，就要承擔更多的代價。

2. 槓桿會勾起貪婪，當賺過一天 20% 的報酬之後，就會覺得每天緩漲 2% 太無味，投資價值觀變得扭曲，進而影響原有紀律。

4

黑天鵝一直是黑的，只是還沒遇見

　　歐洲人過去一直認為，天鵝都是白色的，直到發現澳洲的黑天鵝之後，才知道天鵝也有黑色的。投資風險有兩種，一種是喪失紀律，另一種則是黑天鵝出現。紀律是可控的，而黑天鵝卻不可控；紀律能隨著投資經驗建立，但黑天鵝發生時卻只能眼睜睜看著。我在當基金經理人時，遇過了幾次黑天鵝，而且令人印象深刻，也讓我更正視風險的存在。

政治插手娛樂，影業公司從此一蹶不振

　　萬達電影（陸股代號 002739）是中國最大的連鎖電影院，可以想像成臺灣的威秀影城，但規模更大。當時看好萬達電影，是因為中產階級崛起，消費水準提高，讓中國的觀影人數明顯提升。萬達電影（002739）在 2015 年掛牌後，股價在 1 年內爆漲 9 倍，隨後也宣布計畫收購美國的傳奇影業（Legendary Pictures, Inc.），傳奇影業旗下有很多大作，例如《黑暗騎士三部曲》

（*The Dark Knight Trilogy*）、《金剛：骷髏島》（*Kong: Skull Island*）等，因此收購案讓市場對萬達電影（002739）的期望拉得更高。

2017 年 7 月黑天鵝出現了，萬達電影（002739）無預警宣布停牌，也就是股票無法交易。市場起初認為，是收購計畫需要進行資產重組而停牌，後來也傳出公司有更多收購計畫，導致停牌時間不斷延長。停牌期間發生了一個重大事件，萬達電影（002739）的老闆王健林與政府關係交惡，甚至傳出被限制出境，導致旗下的所有股票都不斷下跌，而停牌也讓投資人擔憂持股會無法脫手。

2018 年 11 月，在停牌 1 年 3 個月後，萬達電影（002739）終於復牌，但因投資人對公司已經產生懷疑，復牌後股價連續 4 天跌停，並且 3 個月內最多跌了 48%（見圖表 5-5）。當時萬達電影（002739）是我的持股之一，因為比重不高，影響有限，但這場風波我也是觸目驚心，甚至想到，如果有散戶看好萬達電影（002739）而融資重壓，不但遭遇停牌，復牌後又再暴跌，此時若有資金需求，壓力會有多大。

公司窩裡反，數據公司股價腰斬

萬國數據（美股代號 GDS，港股代號 9698）是中國最大的資料中心，大客戶是當時的互聯網龍頭股騰訊（0700）與阿里巴巴（美股代號 BABA，港股代號 9988），合計占營收約 70%。

圖表 5-5　萬達電影（002739）股價圖

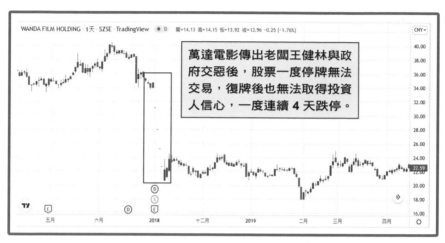

萬達電影傳出老闆王健林與政府交惡後，股票一度停牌無法交易，復牌後也無法取得投資人信心，一度連續 4 天跌停。

資料來源：TradingView。

2017 年後，受惠於這兩大客戶的雲端業務成長超過 100%，萬國數據（GDS）的營收成長超過 70%，股價從 7 美元漲到最高 46 美元，讓市場上的分析師一面倒的看好。

2018 年 7 月 12 日時，萬國數據（GDS）的黑天鵝降臨，就在股價達到 46 美元的高點之後沒幾天，美國放空機構殺人鯨資本（Blue Orca Capital）聲稱，萬國數據（GDS）的股票只值 4.32 美元，也就是跌幅空間高達 90%。殺人鯨資本提出的放空原因是，管理階層有假公濟私的嫌疑，並且不實誇大營運規模與產能利用率，甚至懷疑財務數字有瑕疵，也讓股價當天最多跌了 46.5%，幾乎腰斬（見第 229 頁圖表 5-6）。

後來公司出面澄清，市場也出現更多深度討論的報告，結論都是沒有發現殺人鯨資本所論述的事實，反而更像是有內鬼串通

放空機構，洩露不實資訊然後造謠。當市場認知到這是一場誤會後，萬國數據（GDS）的股價開始反彈，甚至在 2021 年創新高，達到 115.71 美元。

當時我負責投資新經濟為主的產業，很早就看到萬國數據（GDS）的價值，在 12 美元買進之後沒多久，就以 25 美元以上的價格全數獲利了結，當時還一度懊悔太早出清。事件發生當時我以旁觀者角度觀察，得到了一個黑天鵝的啟示，就是黑天鵝也有可能是假的，但就算是假的，股價還是會「盲目」下跌，直到市場證明它是假的為止，如果資金控管不當，很可能在黑天鵝出現時就被洗出市場，沒有後續事實洗冤的機會。

醜聞成真，贏勢股先爆跌再破產

線上支付產業曾是我最看好的趨勢之一，因為網購與數位化帶動商家與個人使用，並且支付平臺能夠累積不同的支付方式與合作商家，隨著時間會拉高進入門檻。而這次的主角，德國最大支付平臺 Wirecard（歐股代號 WDI），當時堪稱市場上的隱形冠軍，營收每年成長超過 25%，獲利成長超過 30%，並且評價遠比同業便宜，吸引到我的注意。

在深入研究後，我在股價 40 歐元時開始建立部位，並且是當時投資組合的前 3 大持股之一，後來股價在 1 年內上漲超過 1 倍到 90 歐元，持股比重超過總部位的 20%，成為最大持股，但也因為漲太快，已經達到我設定的目標價，就在 90 歐元以上出

圖表 5-6　萬國數據（GDS）股價圖

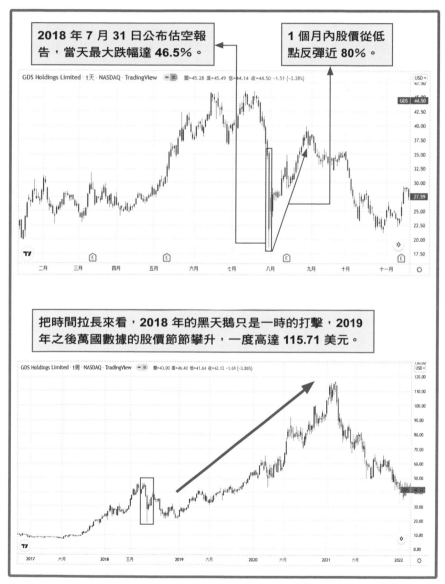

資料來源：TradingView。

清持股，一年內獲利約 100％，但股價也隨後漲到 150 歐元。

　　這次我比較謹慎，因為投資過程中發現一件很奇怪的事，就是Wirecard（WDI）每 2 年就會被媒體爆料一些醜聞，例如幫賭場洗錢、金流不明等，起初我沒有太在意，但後來接連發生，也讓我自認對公司的掌握度越來越低。

　　該來的總是會來，2019 年時黑天鵝來了，Wirecard（WDI）被媒體指出高層恐涉及掏空公司，當時 Wirecard（WDI）回應是不實指控，雙方也互相提告，股價仍因此跌了 45％。

　　2020 年後，真相水落石出。首先，會計師事務所指出 Wirecard（WDI）財報的確有造假嫌疑，一個月後 Wirecard（WDI）承認無法完成 2019 年年報。隨後，另一家會計師事務所也拒絕幫 Wirecard（WDI）簽證，認為他們無法解釋帳上落差的 19 億歐元去向。最後 Wirecard（WDI）聲請破產，股價在 2020 年 6 月，從 104 歐元直接跌到 1.4 歐元，市值蒸發了 99％，整件事在公司高層坦承涉及弊案後落幕，被媒體調侃為德國國恥（見圖表 5-7）。

　　黑天鵝發生的過程中，其實很難判斷。我在 Wirecard（WDI）出現醜聞後，馬上諮詢德國分析師，怎麼看 Wirecard（WDI）過去的誠信，他認為，Wirecard（WDI）是德國知名企業，雖然有過謠言，但卻從來沒有出現過弊端，認為更可能是媒體為了博版面而攻擊。這段期間我也到過慕尼黑拜訪 Wirecard（WDI）管理階層，對談中只見他們從容不迫、對答如流，讓我

圖表 5-7　Wirecard（WDI）股價圖

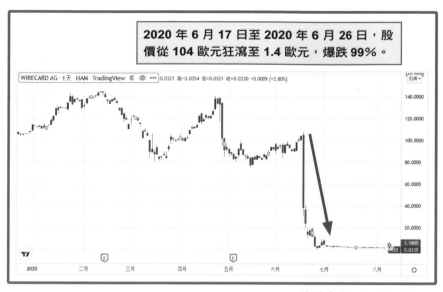

> 2020 年 6 月 17 日至 2020 年 6 月 26 日，股價從 104 歐元狂瀉至 1.4 歐元，爆跌 99%。

資料來源：TradingView。

懷疑也許真的是媒體刻意重傷。但以結果而言，只能說，很多時候真相比我們想像的還容易隱藏。

　　再有把握的股票，真面目可能是我們都不敢相信的。**黑天鵝原本就是黑的，只是還沒遇見**，直到親眼看到時，才不得不相信它的存在，減少損害的辦法，就是資產配置。

本節重點

1. 黑天鵝的出現很難判斷和預防，減少損害的方法，就是善用資產配置。
2. 黑天鵝不一定是真的，但就算是假的，股價還是會「盲目」下跌，直到市場證明它是假的為止。

5

投資無信念，
分析再嚴謹也枉然

　　很多人買進股票後，持股信心和股價有高度相關，甚至是絕對相關，也就是股價上漲時會信心滿滿：「我就說他們會接到大訂單吧」、「早就想到他們會研發出明星產品了」，但是當股價跌了，就開始懷疑股票是不是出了問題。其實，股票沒有變，只是我們習慣對股價過度解讀。

　　投資人常有個迷思，以為投資是以結果論英雄，只有賺到錢，才是對的投資，賠錢就是每個過程都錯。這樣非黑即白的曲解，會讓投資變得非常危險，其實投資一直都是動態調整，結果如何，更像是最後臨門一腳的變數。有時候，賺到錢只是剛好，而賠錢只是獲利的時機未到。

　　投資決策是思路不斷堆疊，與正反兩面立場互相攻堅後，才有的結論。因此，即使很看好，也未必買了就會馬上漲，因為市場從關注到認同一家公司，和我們的時間點未必相同，投資需要等到對的時間，籌碼進駐後，股價才會有大行情。

很多公司開發一個產品、切入一個市場、通過一個客戶認證，都需要數月，甚至數年的時間細火慢熬，才有結果。但很多人卻會本末倒置，一旦股價波動，就開始過度解釋公司的基本面變化，看到大漲就期望是接到大訂單，大跌又認定是主力倒貨，其實更可能是事實都沒變，只是我們看它的角度不斷改變。

有時股票本質沒變，是我們的眼神變了

我在離開職場後，曾看好並投資力積電（6770），在它興櫃前 4 個月開始買進，從股價 35 元買到 43 元，平均成本約 38 元，占當時資產接近 50%。會看好它的理由是：

● 臺灣半導體產業在國際上的長線戰略價值。

● 受惠 5G、物聯網、人工智慧需求增溫，成熟製程的半導體供需嚴重失衡，有漲價題材，力積電（6770）與聯電（2303）都是受惠者。

● COVID-19 擴散之下，居家辦公趨勢帶動筆電、桌機、伺服器等需求，記憶體報價可望調漲。

● 力積電（6770）同時生產邏輯晶片與記憶體晶片，在晶片漲價過程中，可以轉換產能，投入報價更好的產品，獲取更大利益。

● 力積電（6770）的成長率高於同業，且未來 12 個月的本益比與股價淨值比，相對同業便宜。

　　我在買進時的規畫，是在它興櫃之後就賣出獲利了結，主要是考量到半導體漲價的題材發酵，供需失衡未見改善，加上力積電（6770）市值夠大，興櫃後應能吸引更多法人。此外，力積電（6770）也是成熟製程的晶圓代工同業中，最快有新廠的個股之一。當時我預估 2021 年的每股盈餘約 4 元，對比同業後，給予 20 倍本益比，目標價為 80 元。

　　在力積電（6770）興櫃的前一天，未上市價格到了 50 元，也就是帳上獲利約 30%，但在隔天興櫃後，股價卻連跌 3 天，甚至跌到 43元。接下來的兩個月裡股價都沒有太大變化，但同時期台積電（2330）股價卻大漲 3 成，相比之下，要力積電（6770）的股東情何以堪。

　　這時許多新聞媒體與股票討論區開始出現各種負面言論：「黃崇仁（註：力積電創辦人）這個人不可信，過去就曾讓力晶下市，跟狐狸一樣賊」、「力積電做的製程很落後，不只技術門檻低，利潤也不高」、「外資又不能買興櫃股票，股價就沒有買盤能攻上去」。

　　但就在兩個月後，力積電（6770）股價突然像野馬脫韁，5 天內又從 50.9 元大漲到最高 90 元，而我也在這時候賣光所有持股，如願獲利了結。因為在 5 天內大漲 75%，又開始出現樂觀言論：「別忘了黃崇仁就算什麼都不會，但他就是會炒股」、「落後製程漲價，才會比先進製程空間更大，設備折舊早就攤平，利潤很高，現在物聯網需要的是更多落後製程」、「誰說外

資不買興櫃股票，他們不只發布研究報告，還在股價發動前大買5萬張」。

這些言論才剛落下，力積電（6770）股價再從高點90元跌到最低50元，然後又上漲到70元，半年內巨大波動，讓人懷疑基本面也出現了重大變化。但事實並非如此，我的研究結論是，力積電（6770）的基本面與產業面並無太大變化，反而是**市場對股價過度解讀，個股的同一個特點，在股價漲時是優點，股價跌時就變成缺點**了（見第236頁圖表5-8）。

信心在於我們掌握多少，不是股價漲了多少

若要討論力積電（6770）股價劇烈波動的原因，我認為是籌碼因素，也就是股東結構，包含持股者的成本與張數。

力積電（6770）的前身，是已下市公司力晶的子公司，股本大，加上經歷過下市，籌碼相對凌亂，也就是股東分散，且持股成本差異大。股東之中，有些人是力晶上市前就持有股票，下市後變成壁紙還沒賣掉；有些人是在力晶未上市盤價最低0.3元反彈後陸續買進；有些人則是在力積電（6770）掛牌前買進，我就是其中之一。

因為興櫃後，流動性變好，老股東們可以大量賣股，也讓股價有所波動。等到這些賣壓宣洩完畢，成交量縮小後，此時只要有外力介入，股價就會有新一輪的走勢。所以，有時候股價沒漲只是時機未到，不要習慣倒果為因，用股價懷疑自己的選股是否

出現問題。投資的信心，不該建立於股價短期的漲跌，而是在於自己對個股與產業長期的掌握度。

當然，也不是說買進後就不該有所懷疑，當股價劇烈波動時伴隨兩件事，我就會特別留意，一是公司或產業發生重大事件，且是過去不曾評估過的狀況；另一是股價跌到停損價，或是漲到目標價。除此之外，無論股價如何變化，我們該做的就是等待，讓股票證明它的價值，也證明我們的眼光。

最後我想說，比較往往是失去判斷的開始。很多人選股時，

圖表 5-8　力積電（6770）股價圖

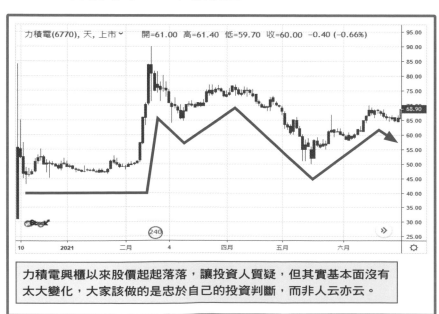

力積電興櫃以來股價起起落落，讓投資人質疑，但其實基本面沒有太大變化，大家該做的是忠於自己的投資判斷，而非人云亦云。

資料來源：嗨投資理財分享社群。

原本有自己的一套邏輯，但當持股表現平平，看到別人持股都大
漲後，就會因為比較而想跟牌。一旦這麼想，就失去了原有的判
斷力，投資也會變來變去，導致結果往往事與願違。別人賺多
少，其實和我們一點關係都沒有，實在無須嫉妒，甚至試圖改變
自己，做出不擅長的事。要避免比較賺賠，最好的方式，就是多
給別人祝福。

本節重點

1. 股價不是買進了就會立刻上漲，必須等到市場也認同並進駐
   資金後，股價才會有大行情。
2. 投資的信心，應該建立在自己對個股與產業的掌握度。只要
   基本面不變，無論股價如何變化，我們該做的是忠於自己的
   判斷，讓股票證明它的價值，也證明我們的眼光。

6

當投資品味缺少核心價值，
怎麼穿都沒有靈魂

看人穿搭可以知其品味，進而知其個性，我喜歡簡單俐落的穿搭，在不同的場合都不會顯得格格不入，而投資唯一不會出錯的品味，也是簡單合身。

投資品味因人而異，有些人喜歡和業界交換情報；有些人喜歡質問管理階層財務數字；有些人喜歡搭配媒體文章；有些人喜歡找金主計算籌碼。

沒有自己的品味，投資只能任人宰割

當我們聽到下面的消息，都會感到興奮：

「我在投信的朋友說，他們要布局這支股票，聽說公司內部看好股價會到 100 元。」

「我在竹科的朋友說，這家公司接到蘋果的訂單，股價之後會翻幾倍。」

「我聽到這次磐石會（註：上市櫃企業家聯誼組織）的大老

說，要把這支股票炒到 300 元。」

通常，這些話還會接一句：「這消息你不能傳出去。」

這些話看似賺錢的捷徑，會吸引缺乏判斷能力的人跟單。我也經歷過這個階段，但投資久了，就發現其實陷阱很多，如果沒有自己的投資品味，就會變成任人宰割，後來我也與這些「捷徑」漸行漸遠。

開始有投資品味的想法，是在某一天與朋友聊天，交流彼此的選股方式，我提到自己評估一檔股票時，不會只看一家公司，而是產業鏈的上下游，包含全球相關公司都一起研究，來提高勝率。換他分享時他突然說：「算了，我沒什麼好分享的，還是和以前一樣，都在追營收消息投資，看哪檔有機會創新高就先布局。對啦，我知道這樣很 low，但沒辦法，這就是台股。」當時我沒說什麼，不過我心裡想，台股也有不 low 的投資方式。

別把二手資訊當成新品珍藏

也許有人會想問，追問營收消息來做投資，有什麼不好？

「直接問數字就能投資，好像很偷懶，但投資要的不就是賺錢嗎？」

「投資又不是交作業，如果能問到答案，就能更快賺到錢，和別人花時間做研究才能賺到錢相比，有什麼不好？」

這些想法都沒有錯。能夠用更少的時間找到正確答案、賺到錢，就是很好的投資方式，但重點就在於「要能賺到錢」。如果

消息來源不是公司的管理階層，或是決策者本身，那麼聽到的很可能是假訊息；另外，即使消息正確，也很難從中判斷市場反映了多少，因為消息傳到我們耳中時，可能已經轉傳了好幾十手，即使一聽到就馬上買進，還是很容易套牢。

當投資決策是來自於他人消息，而非自己判斷，那麼財富也無法自己掌握。當然，朋友是善意透露消息，但是否想過，為什麼源頭會透露消息？**握有第一手資訊的人，不會平白無故把消息給無關緊要的人，會把訊息散播出去，通常是自己布局完成，時機成熟，想找機會賣股了。**

所以，不是聽消息買股這件事很 low，是不經思考，聽到消息就馬上買股的人很 low。我偶爾也會聽消息，但會先過濾不可靠的來源，只有我認同對方的投資方式和選股邏輯，過去也有不錯的投資結果，才列入考量，並且在聽消息後，自己也再研究過，才會買股。

賺賠只是一時，邏輯才是一切

不同的投資方式就像不同穿搭品味，如果不知道自己要的是什麼，怎麼穿都沒有自己的靈魂，只會覺得渾身不自在。沒有品味的人，多半喜歡過度複雜自己的裝扮，讓自己看似獨特。但沒有去了解各種穿著文化背後的特點，也不知道自己塑造風格的邏輯，將全部元素放在身上，反而容易成了四不像，最後自己也難以駕馭。

　　然而品味很難培養，誠如心理素質，不是有錢就一定會有品味，也不是當下賺錢的人，心理素質就一定比較高。砸錢買精品會讓人聯想到品味高尚，但並非全身名牌就是最好的品味。

　　提升投資品味最大的意義，在於懂得怎麼挑好貨，而不容易被誘殺。即使聽消息買股，也必須知道為了什麼而買，而不是只聽到目標價，就一股腦兒衝進去。這就像是一間外表金碧輝煌，卻沒有堅固地基支撐的豪宅，我們敢住嗎？

　　品味不是有錢人的權利，低預算也能穿出高品味。有些人聽消息投資時有個迷思，就是對個股的信心取決於對方「現在」的地位，會忽略小散戶的投資邏輯，但當大戶講了一句話，就會產生更高的認同感，然後決定跟單。這個迷思在於我們看的是「現在」，認為會是大戶，就是因為他的投資能力更好，而之所以是小散戶，就是投資能力技不如人。但其實，**一切的判斷還是要回到誰的邏輯比較合理，而不是誰的背景比較強硬，因為時間還沒走完，也許小散戶會因為一次次的選股正確讓資產暴增，而大戶卻因為一次的剛愎自用而導致破產。**

有自己的品味，才能找到適合自己的股票

　　即使是公司的董事長，也只能決定股價一半的變數，因為他只知道自家公司的營運狀況，無法掌握產業與市場的變化，股價不是一間公司說了就算，而是要看總體經濟的條件、市場供需、同業競爭等形勢。

241

　　舉例而言，過去我在拜訪公司時，遇過一些老闆很看好自家公司的前景，但卻沒預料到競爭對手鴨子划水，突然推出殺手級的產品，且價格更具優勢，後來也理所當然搶走許多市占，導致股價大跌。

　　也遇過老闆看到目前訂單早已接到滿手，能見度從過去只有 3 個月，到現在可以看到 1 年後的榮景，就準備投入大筆資金擴廠，但事後才知道，其實許多客戶因為搶不到產能而重複下單，造成訂單爆量的錯覺，等到供需反轉後，客戶不斷砍單，產能開始出現閒置，對於才蓋到一半的新廠，也不知該如何是好。

　　無論聽到的消息是多麼迷人，或多麼可信，都一定要有自己的判斷，不能盲從。有著自己品味的人，會知道自己適合什麼樣的股票，欣然放手那些不確定的獲利機會，但同時也避開了更多的潛在風險。

本節重點

1. 消息不會平白無故的流出來，握有資訊的人，通常是自己布局完成，想找機會賣股，才會把訊息散播出去。

2. 大戶的投資能力不一定更好，小散戶也不見得就是技不如人，一切的判斷還是要回到邏輯必須合理，因為，小散戶可能一次次選股正確讓資產暴增，大戶也可能一次剛愎自用導致破產。

7

忘卻成本，
立足現在，思考未來

　　我的投資歷程中，有個重要的里程碑，就是忘了成本。學會忘了成本，讓我能不斷思考當下，以未來的投資機會為前提，做出最佳決策。

　　忘了成本的實際做法，是每天更新資產的淨值，也就是把所有的未實現損益都算成已實現損益。例如，投資兩檔個股，本金各 100 萬元，其中一支收盤後的未實現利益為 8 萬元，另一支卻是賠 16 萬元，那麼今天的淨值就是 192 萬元（〔100＋8〕＋〔100－16〕＝192），而不是沒賣掉就不算虧損。

　　忘了成本，就能把已發生的賺賠，都放在過去。當下只要考慮哪支股票更值得投資就買進，不值得投資就賣出，任何投資決策都是基於未來。

忘記成本知易行難，痛過才會領悟

　　但因為人性使然，忘了成本並不容易做到。我在投資 2 年後

就意識到忘了成本的重要性，但等到真正能做到時又已經過了 3 年。可見，知道是一回事，能做到又是另一回事，這是心理素質的天性，需要從痛苦的經驗領悟，才能習得。

幾年前有個朋友重壓兩支個股，一支是套牢已久的景氣循環股，暫稱為 A 股，另一支是長線看好的績優股，暫稱為 B 股。

有次見面聊天，他提到家中有急需，需要賣股籌錢，當時股市正面臨修正，他問我：「現在大盤不好，如果我要賣股，你覺得要賣 A 股還是 B 股？」我回答：「A 股已經過了景氣循環的高峰，現在報價很難再回到前面高點，如果 A 股已經跌破你的停損點，但不忍心賣的話，等有小反彈時就慢慢賣出，因為上漲時賣出至少比下跌時賣出舒服，也更容易做到。倒是 B 股長線一樣看好，雖然股價跌，但基本面沒有太大變化，如果持股能久一點，不用急著賣。」

那次聚會沒多久後，我們又見面了。

他問：「你覺得 A 股還要賣嗎？」

我說：「反彈就陸續賣，你不是有賣掉一些了嗎？」

他說：「沒有。我去賣 B 股了。」

我聽到後有點訝異的說：「為什麼會賣 B 股？目前產業需求看起來沒有太大疑慮，反而 A 股的產業報價和基本面還是面臨更大的不確定。」

他回答：「我知道 B 股比較穩，但如果賣掉 A 股，我就會虧 300 萬元，所以我不想賣。」

　　我那時突然意識到，他還沒有忘了成本的概念，認為 A 股雖然反彈，但只要股價沒有超過成本，就仍是虧損，所以不賣。我當下也和他聊了更新淨值的觀念，但我想，也許他聽完還是不會改變這個決策，因為培養心理素質需要時間。

不願面對虧損現實，
是無法忘記成本的最大原因

　　我認識的人，包含投資老手，能做到每天忘了成本，並以昨日收盤價為基準思考投資策略的人，不超過 5%。不是說這件事很難做到，相反的，這件事一點都不難，難的是要克服自己心中的那一關——面對現實。

　　不面對現實，容易讓自己的投資組合沒這麼漂亮，無法滿手王牌，這樣容易發生兩種狀況，導致投資效率變低。第一個是像上面的故事，該停損換股卻沒執行，導致虧損擴大，這種情況最常聽到的理由是：「不行啦，賣掉的話我就要虧 30% 了。」但事實是，虧損早就造成了，不是今天賣股才出現的。

　　第二個狀況是該停利換股卻沒有做，導致獲利平白無故消失，最常聽到的理由是：「下跌？我沒差啊，反正我的成本是 50 元，就算從 200 元跌到 100 元，我還是有賺。」每次聽到這種話都覺得這些人真大方，不過事實是，你之前就已經賺 300% 了，現在只剩 100%，雖然看起來還是很多，但實際上失去更多，卻還能沾沾自喜。

　　培養心理素質，也許最後的目標是保持平常心，並且不貪、不嗔、不痴，無論發生什麼事，永遠心如止水，放手去做該做的事。

🌐💲 投資小百科／忘了成本的計算邏輯

　　假設分別以本金 100 萬元投資兩檔個股，其中一支收盤後的未實現損益為賺 5 萬元（帳面獲利 5 萬元，但因為沒有賣出，所以並未實際進帳），另一支的未實現損益卻是賠 8 萬元（帳面虧損 8 萬元，但因為沒有賣出，所以並未實際損失），那麼今天的資產淨值就是：

（100＋5）＋（100－8）＝197

　　下一個開盤日的資產，應以 197 萬元來計算，而不是原本的 200 萬元，帳面上的損益都當成已發生的賺賠，就是忘了成本。

本節重點

1. 忘了成本的實際做法，是每天更新資產的淨值，亦即把所有未實現損益都算成已實現損益，不是沒賣掉就不算虧損。
2. 做不到忘了成本，會讓投資組合的獲利率變低，因為會錯失停損和停利的時機，導致虧損擴大或獲利減少。

8

讓等待，變成習慣！

　　長期投資是老生常談的話題，最大的好處是減少不確定性，當不了解市場預期、不了解股性時，都能用長期投資來解決。巴菲特有用不完的資金，只要是看好的公司，就會恨不得買下整間公司。我們的資金有限，不用也無法做到如此，只要能長期維持手上的持股都是王牌，就非常足夠。

　　選股如選人，是在買「變好的過程」。我們不應該因為一家公司如日中天而買，也不應該因為跌入谷底而買，**買股只因為這家公司會慢慢變好**。

　　如日中天的公司，如果無法變好，價格可能會高估；跌入谷底的公司，如果無法翻身，價格未必是低估。因此，一家公司現在有多好，或是有多差，都不是買股的理由。

　　選人也是一樣，我們在面試應徵者時，看的不是現在，而是未來的成長曲線，如日中天的人價碼不菲，乏人問津的人潛力有限，都有可能是個賠本生意。我們要的，是以同樣薪資之下，錄

取的這個人未來能有複利的效果，讓公司變得更強大。

我看好台積電（2330）的未來價值，是因為它在對的趨勢中，也具有長期競爭力，未來產業地位只會變得更重要、更好，股價終究會持續上漲。

長期走勢只有兩種結果，短期變化卻有無限可能

長期投資的重要性，是能減少投資過程中的不確定性。我以實例來說明，把時間切成不同長度，來問相同問題，哪個比較容易答對？

1. 「請問台積電 3 年內會漲還是會跌？」

這個答案不是「漲」，就是「跌」，答對機率是 50%。

2. 「請問台積電今年會漲還是會跌？明年會漲還是會跌？後年會漲還是會跌？」

這個答案就不只有「漲」或「跌」，而是可能先漲、再漲、再跌，或是先漲、再跌、再漲，簡單來說，共有 8 個不同的答案，要全部猜中，只有 12.5% 的機率。

3. 「請問台積電未來 3 年，每個月是會漲，還是會跌？」

這個答案要全對，就需要完全命中 687 億種可能，機率已經

是遠低於第 2 題的 12.5％，而是 0.00000000145％。

長期投資只需要回答大方向，相對容易，若是做當沖、隔日沖，承第 3 題要全部答對，就是要猜中 600 天的答案（1 年的開盤日約有 200 天，3 年約有 600 天），機率微乎其微。

當沖賺錢快，賠錢也快

很多人迷上當沖，主要是基於兩個想法，一個是槓桿大就能更快致富，另一個是交易越多，賺錢就越快，但這麼想有很大的盲點。

很多人常說自己沒有這麼多錢，所以才選擇當沖。的確，當沖是無本交易，理論上今天買進只要收盤前能賣出，即使本金只有 10 萬元，要交易 100 萬元、1,000 萬元，甚至 1 億元的股票都沒問題。但反過來說，也因為當沖可以開很高的槓桿，因此股價只要有一點波動，就會變成違約交割，在股市中畢業。

還有很多人覺得，多做交易就能增加投資效率，利滾利賺錢更快。但賺錢與否最後還是回到勝率有多少，如果勝率過低，就可能多做多錯。要提升勝率，該做的是多做研究，讓投資更精準，而不是增加交易次數，這樣只會讓手續費更高。好的投資不會每天都有，因此交易少不代表投資回報就會少，只要記得，機會來了就要果斷出擊。反過來說，過多的交易會帶來不必要的情緒起伏，也會讓投資無法靜下來思考。

　　認為當沖能賺到錢的人，覺得買賣雙方短時間的力道，能夠決定接下來的股價走勢。例如，看到股價走勢突破前高，就可能會有一波新的漲勢；而當股價跌破前低，也可能帶來一波跌勢。但實際上，股市也常出現反例。當沖還有個本質上的困難，就是它交易的不是公司的基本面，而是「市場情緒」，對我而言，參透市場情緒比了解公司的基本面更難，而且難得多。

　　即使盤勢會有一套短暫的慣性，反映當下市場買賣雙方的盤算，但盤勢本身就陰晴不定，慣性也會隨著時間及買賣雙方而異，例如，同一批主力突然不繼續操作這個題材，或是他們可能改以反方向與市場對做，誘殺散戶。

看盤勢決定買賣，等於向迷路的人問路

　　我有個朋友，在 2020 年時加入一個股票群組，參與航運股的隔日沖，當時他很有自信的跟我說，只要快鎖漲停就進去買，會有大戶發起攻勢，隔天開盤賣出一定能賣更高。確實，航運股上漲的那段日子他也因此賺了不少，後來隨著自信增加，越壓越重，認定了隔日沖賺錢就是如此簡單。

　　可惜好景不長，航運股的股性在 2021 年中開始出現變化，只要快鎖漲停時，股價反而常出現賣壓下殺，也許是被過去理所當然的投資獲利慣壞，慣性改變後這個朋友不斷賠錢，兩個月內就把過去半年賺到翻倍的獲利全數吐回，還倒虧一些。可見，將買賣股票的決定權託付於盤勢變化，就像是向迷路的人問路，很

難安穩抵達終點。

　　短線交易要考量的變數很多，包含當下政經局勢、短線籌碼進出、技術型態變化等，變數一多，股價走勢就容易會有干擾，也會越來越難預測，勝率就不易穩定提升。

　　承認自己的無知，就能虛心向浩瀚的宇宙學習，而當自滿於自我設限的世界觀，看出去的宇宙，就只有井口的天空。投資久了，我了解到自己的不足，也就更能體會到長期投資的好處，就讓等待變成習慣，因為該來的終究會來；就像投資，看似孤獨，但時間是我最好的朋友。

　　投資要能夠長久，最重要是不斷提升勝率，而長期投資的最大好處是減少變數，也就是能隨著投資經驗提升勝率。至於長線投資是多長？3 個月、3 年都有，見仁見智，但更重要的條件是，買賣股票的決定權，要放在一家公司的本質，而非盤勢。

本節重點

1. 選股如選人，是在買「變好的過程」。買股只因為這家公司會慢慢變好，可以隨著公司成長，享受投資帶來的報酬。
2. 將買賣股票的決定權託付於盤勢變化，就像是向迷路的人問路，很難安穩抵達終點。

後記

花一萬個小時做同一件事，
終將成為專家

　　學了投資，能為社會做些什麼？

　　這個問題在投資路上，讓我不斷思考，「到底投資最終還能回饋給社會什麼？」最後想通了，也許答案是把投資所學，寫成一本書，無論何時、何地、何人，只要願意，都能有所收穫。

　　能完成這本書，我要謝謝我最愛的家人，還有最可靠的團隊夥伴 Jessica、Steven、Rita，以及大是文化的團隊，如果沒有你們的協助，不分晝夜假日加班討論，這本書到現在仍停留在理想階段。

　　寫書過程像黑洞，把所有時間精神都吸走，希望這個黑洞，其實是個蟲洞，在某個時空，改變了自己，也幫到周圍的人。

　　過程中遇到的挑戰比想像還多，除了要將內化的投資經驗和知識轉化成內容外，也在段落和字句上費盡心思調整用字遣詞，只希望讀者能更容易理解我的投資觀。

　　讓我感到意外的是，原本覺得寫書是付出，但實際上卻得到更多自我反思後的深層領悟，也從中感到滿足與踏實，並且非常

期待，讀者閱讀這本書後，能在字裡行間中找到溫暖與無畏。

這不是一本討好讀者的書，內容沒有過多的渲染、吸睛的對帳單，只有平鋪直敘的文字，和真切的投資見解。數字和故事能包裝，只有文字和邏輯，才能真實的堆砌出一本書的價值。

投資不需要花言巧語，只要真知灼見。人會找書，書也會找人，產生共鳴而能成朋友，頻率不同就只能當作過客。我相信，如果能和這本書深交，在投資路上也能多一位良言知己。

投資方式有很多種，我的方式只是其中之一，每個人都有適合的方式，不要小看自己的潛力，只要能不斷淬煉，花一萬個小時做同一件事，總有一天也會是專家。

無論結果如何，完成這本書，也代表我實踐了自己的使命，將一生所學，竭盡分享，讓更多股市迷惘的人，能找到一絲曙光，用以回報這一生，我受到的無數幫助。

這世界需要更多善念，才能讓我們變得更好，身在股市也是如此，若能卸下面具，感受現實生活中真誠的一面，也許能避開股市中更多的敵對、盤算和嫉妒等負面情緒。投資也能以平常心面對，也讓投資能走得更順、更久。

最後想用一句話，

向此時看到這裡的讀者，說聲謝謝。

因為你們，讓這本書又多了一分價值。

Biz 390

隱市致富地圖
60 億操盤手用一張圖，找到上漲超過 30% 的翻轉人生贏勢股

作　　者／股市隱者
責任編輯／宋方儀
校對編輯／張慈婷
美術編輯／林彥君
副總編輯／顏惠君
總 編 輯／吳依瑋
發 行 人／徐仲秋
會計助理／李秀娟
會　　計／許鳳雪
版權經理／郝麗珍
行銷企劃／徐千晴
業務助理／李秀蕙
業務專員／馬絮盈、留婉茹
業務經理／林裕安
總 經 理／陳絜吾

國家圖書館出版品預行編目（CIP）資料

隱市致富地圖：60 億操盤手用一張圖，找到上漲超過
30% 的翻轉人生贏勢股 / 股市隱者著. -- 初版. --臺北
市：大是文化有限公司，2022.04
256 面；17×23公分. --（Biz；390）
ISBN 978-626-7123-01-0（平裝）

1. CST：股票投資　2. CST：投資分析

563.53　　　　　　　　　　　　　　　111001141

出 版 者／大是文化有限公司
　　　　　臺北市 100 衡陽路 7 號 8 樓
　　　　　編輯部電話：（02）23757911
　　　　　購書相關資訊請洽：（02）23757911 分機 122
　　　　　24小時讀者服務傳真：（02）23756999
　　　　　讀者服務E-mail：haom@ms28.hinet.net
郵政劃撥帳號／19983366　戶名／大是文化有限公司

法律顧問／永然聯合法律事務所
香港發行／豐達出版發行有限公司 Rich Publishing & Distribution Ltd
　　　　　香港柴灣永泰道70 號柴灣工業城第 2 期 1805 室
　　　　　Unit 1805, Ph .2, Chai Wan Ind City, 70 Wing Tai Rd, Chai Wan, Hong Kong
　　　　　電話：21726513　傳真：21724355
　　　　　E-mail：cary@subseasy.com.hk

封面設計／林雯瑛
內頁排版／顏麟驊
印　　刷／鴻霖印刷傳媒股份有限公司

初版日期／2022 年 4 月
定　　價／新臺幣 420 元
I S B N／978-626-7123-01-0
電子書 I S B N／9786267123027（PDF）
　　　　　　　9786267123034（EPUB）